Margot Gioia

Du même auteur

Parus aux Editions Le Manuscrit
11 novembre 1953
Roman, 2002
Les occasions manquées
Nouvelles, 2002
J'ai failli t'offrir une rose
Roman, 2004
Et du bien pas davantage
Roman, 2007
Le bon côté
Roman, 2007
La Première
Roman, 2008
La longueur du temps
Roman finaliste 2010 du concours de l'éditeur
Âmes vives
Roman d'anticipation, 2010
Je veux et j'exige
Roman finaliste 2011 du concours de l'éditeur
Si jamais tu partais
Roman lauréat 2012 du concours de l'éditeur
Le parfum du Métropolitain
Roman, 2014

Paru aux Editions Upblisher
TriSol
Roman de science-fiction
Lauréat 2013 du concours de l'éditeur

Parus aux Editions Cockritures
Naevus Bleuet
Roman, 2015
Trinascimento (suite de Trisol)
Roman de science-fiction, 2016
Demain, le soleil
Roman, 2016
La longueur du temps (nouvelle édition)
Roman, 2017

Joan Ott

Margot Gioia

Roman

Editions Cockritures

Les personnages et les situations de ce récit étant fictifs, toute ressemblance avec des personnes ou des situations existantes ou ayant existé ne saurait être que fortuite.

Illustration couverture : © Joan Ott
Photo auteur : © Geneviève Boutry
Réalisation couverture : Editions Cockritures

www.cockritures.fr

ISBN 979-10-95691-05-1

Prologue

Dès qu'elle ouvrait les yeux, l'enfant se sentait envahie par un bonheur immense, bonheur tout simple mais intense, bonheur de vivre, bonheur lisse et plein comme un œuf, inaltérable et parfait qui ne la quittait jamais. Du réveil au coucher, en toute saison, par tous les temps, quoi qu'il arrive, et jusque dans ses rêves, elle était heureuse. Et joyeuse aussi, toujours prête à rire et pleine d'entrain.

« C'est une bonne nature », disait sa grand-mère en hochant la tête. Et elle ajoutait en alsacien : « *Minni luschtigà Margot hàt's von mer gärbt* - elle tient de moi, ma Margot Gioia. »

Les pommes de terre sautées

Elle a quatre ans. Comme chaque été, les vacances au chalet, en Haute-Savoie.

Papa a dit : « Tu es grande maintenant, tu marches aussi bien que nous. » Et c'est vrai que dès qu'elle a su se tenir sur ses jambes, la petite a pris plaisir à marcher et à courir. Elle est infatigable. Alors, pour son anniversaire, Papa propose une balade jusqu'à la ferme de Balme. On n'emportera pas de pique-nique, on déjeunera sur place. Du jambon, du fromage, des pommes de terre sautées, une énorme salade. Margot trépigne de joie : elle adore les pommes de terre sautées. Et avec un peu de chance, on verra des mouflons, et peut-être même des chamois.

Il fait un temps magnifique, ce jour-là. Un ciel bleu roi comme il n'en est qu'en haute montagne. Tout au long de la montée caillouteuse et raide sous le soleil de plomb, Papa frappe le sol avec son gros bâton, pour effrayer les vipères. Margot aimerait bien en voir une, de vipère, mais elles ne se montrent pas, les vilaines. Alors, lassée d'attendre, elle se met à gambader tel un jeune chien, cueille des fleurs qu'elle tend à Maman, qui répète à chaque nouvelle offrande : « Il faut les cueillir avec la queue, Margot ! » La gamine ne comprend vraiment pas pourquoi, les queues des fleurs, c'est juste des tiges toutes nues toutes bêtes, ça sert à rien.

On aperçoit des chamois au loin et on croise des mouflons qui ne s'enfuient même pas. Ils restent là, indifférents, attendant que les humains passent leur chemin. Pour un peu, on pourrait les caresser. Depuis l'alpage, on regarde en bas, dans la vallée, et maman dit : « Il faut vraiment avoir une bonne raison pour redescendre. Moi, si je m'écoutais, je resterais bien ici. » Et Margot piaille de sa petite voix aiguë en sautillant sur place : « Oh oui, oh oui, oui, oui, on reste ! »

Devant la ferme, les tables et les chaises en bois. Avant le déjeuner, elle a droit à une grenadine. C'est rouge, c'est sucré, c'est bon ! Et puis après, les pommes sautées qu'elle engloutit, appétit féroce accompagné de grognements de satisfaction. Autour d'eux, les vaches paissent et ruminent, lourdes et placides. Seules leurs oreilles et leur queue remuent, chasse-mouches mécaniques et indépendants.

Mais il se fait tard, il faut songer à redescendre. La petite a beau supplier : « Encore un peu ! Juste encore un peu ! » Papa est inflexible : le ciel se couvre, de bleu le voilà qui vire au violet, au gris, au noir, ciel sombre et menaçant. Il faut se dépêcher si on ne veut pas arriver trempés comme des soupes. Allons, vite, en route !

On marche depuis un quart d'heure à peine quand l'orage éclate. Il ne pleut pas encore, mais le ciel est sillonné d'éclairs. Le tonnerre gronde, au loin d'abord, et puis plus près, de plus en plus près. Maintenant, c'est un fracas assourdissant, ça ne s'arrête plus. Pas un rocher à l'horizon, pas un repli, pas un refuge, rien. L'alpage à perte de vue.

Papa dit à Maman : « Allonge-toi dans l'herbe et prends la petite sous toi. » Maman est terrorisée. Elle a toujours eu une peur bleue de l'orage. Pour un peu, elle pleurerait. C'est Margot qui la rassure : « C'est rien, Maman, faut pas avoir peur, ça va passer, et puis je suis là, moi, je te protège. » Parce que Margot, elle aime bien les orages, elle n'a pas peur du tout. Elle n'a jamais peur de rien, d'ailleurs. Sûre d'elle, ignorante du danger, immortelle du haut de ses quatre ans. Alors, Maman ferme les yeux, et Margot fait pareil. Maman est lourde, la fillette a un peu de mal à respirer, mais c'est bon d'être comme ça, couchées dans l'herbe, serrées l'une contre l'autre. L'orage peut bien tonner et le ciel leur tomber sur la tête, le monde autour d'elles n'existe plus.

Quand elles se relèvent enfin, elles voient Papa qui gît là, à trois pas, il ne bouge plus. Ses mains sont noires. Son visage aussi.

Margot ne sait pas comment les secours ont été prévenus. Elle ne sait pas comment elle et Maman sont revenues au chalet. Elle ne se souvient pas du retour à Strasbourg. Elle ne se souvient pas non plus de l'enterrement, elle ne se rappelle même pas si on l'y a emmenée. Elle ne se souvient de rien, elle a tout oublié. Un été en forme de trou noir. Deux longs mois qui n'ont jamais existé. Est-elle restée avec Maman ? Est-elle allée chez Mémé ? Elle n'en sait rien. Ni Maman ni Mémé n'en parlent jamais. Quant à elle, elle ne pose pas de questions.

Stille Nacht

Son premier souvenir après le long tunnel est le jour de la rentrée. Elle est dans la classe des moyens. Ce n'est plus la même maîtresse - dommage, elle l'aimait bien - mais la nouvelle est gentille aussi, et surtout, elle retrouve ses copines et ses copains de l'an dernier. Eux non plus ne parlent pas des vacances, comme si l'été n'avait jamais existé. À quatre ans, on ne pense pas à hier, on vit au jour le jour, seul compte le présent, il est tellement entier, le présent, tellement plein de toutes les choses qu'on découvre, de toutes les choses qu'on apprend.

Maintenant, elle reconnaît presque à tous les coups son nom sur les cartons de couleurs qui ornent les murs de la classe. Ce n'est pas trop difficile, parce que des rouges, il n'y en a que trois.

Ce qu'elle aime le plus, c'est le moment juste avant la sieste obligatoire, quand la maîtresse lit une histoire. C'est comme le soir, quand on va au lit. Maman aussi lit une histoire. Et après, c'est facile de s'endormir. Parfois même, on s'endort avant la fin. Pas grave, on la connaît par cœur, l'histoire, et c'est ça qui est bien, justement. Les histoires, c'est comme la famille, on vit avec tous les jours, jamais rien qui change, pas de surprises, c'est rassurant. Enfin, dans les autres familles, c'est comme ça. Pour elle, évidemment, c'est différent. Sa famille à elle est devenue toute petite depuis que Papa n'est plus là. Il y a Margot, et il y a Maman. Mémé aussi, bien sûr, mais elle n'est pas là tout le temps parce que sa maison est à Neudorf. On déjeune chez elle le dimanche, ou bien c'est elle qui vient, et ce sont de bons moments. Mémé est rigolote, et elle aime jouer aux petits chevaux ou bien à cache-cache dans le jardin. Une vraie gamine, Mémé. Pas comme Maman. Maman ne joue pas. Elle lit des histoires, le soir, mais elle ne joue jamais. Toute la journée, elle travaille, et quand elle rentre, elle est trop fatiguée pour jouer. Et puis, elle est triste tout le temps, à cause de Papa qui n'est plus là. Elle pleure souvent. Margot ne pleure pas. Elle ne pleure jamais, parce que ça ne sert à rien. Et puis, de toute façon, même si elle voulait, elle ne pourrait pas, parce qu'elle n'est pas triste. Quand elle pense à Papa, elle se dit : « Il va revenir. » En attendant, elle se souvient des pitreries qu'il faisait, alors ça la fait rire.

Maman demande :

– Pourquoi ris-tu ?

– Pour rien…

Elle sait qu'elle ne doit pas parler de Papa. Si elle en parle, Maman va encore pleurer, et Margot n'aime pas ça. Non, elle n'aime pas du tout voir pleurer Maman. Au début, quand ça arrivait, elle la prenait dans ses bras et lui faisait des bisous mouillés qui chatouillent, mais Maman pleurait encore plus fort, alors elle a arrêté. Maintenant, quand ça la prend, elle va dans sa chambre et elle attend que ça passe. Ça finit toujours par passer. Elle se sent toute bête, seule dans sa chambre, oui, toute bête, et impuissante et inutile, puisqu'elle ne sait pas consoler Maman. Dans ces moments-là, elle n'a même pas envie de jouer.

À Noël, elles sont invitées chez Mémé. Le sapin est très grand, il touche presque le plafond et il est très, très beau, avec les boules, les guirlandes et les bougies, et dessous, la crèche avec Marie, Joseph et le petit Jésus, l'âne, le bœuf, les bergers et leurs moutons, et puis les rois mages et leurs chameaux. Elle aime bien les chameaux. Elle en a vu en vrai, et même deux fois : au zoo de Mulhouse, et puis à Bâle aussi, mais elle aime mieux ceux de la crèche, parce qu'elle peut les caresser. Au zoo, on ne peut pas, c'est défendu. Mémé et Maman chantent *O Tannenbaum* et *Stille Nacht*. En allemand, bien sûr, parce que c'est tellement plus beau. Margot chante la même chose, mais en français, parce que c'est comme ça qu'elle les a apprises à l'école. Ça fait un drôle de mélange ! C'est bien quand même.

Mémé a mis les petits plats dans les grands. En entrée, il y a des huîtres. Margot dit : « Ça bouge, c'est vivant, j'en veux pas. » On ne la force pas. Elle se rattrapera avec la dinde. La farce, surtout. Personne au monde ne fait la farce comme Mémé. « Mémé, c'est la reine de la farce. » Ça, c'est Margot qui le dit. Et Mémé rit : « Ce sens de l'humour, à son âge, c'est étonnant ! » Elle ne comprend pas, il faut lui expliquer le jeu de mots. Alors, elle rit aussi, surtout pour faire plaisir, parce que ce n'est pas si drôle que ça, au fond. Mais Maman a souri, et ça, c'est bien, parce que ça n'arrive pas souvent.

Le lendemain, Maman dit : « Tu vas rester chez Mémé quelques jours, je viendrai te chercher pour le Nouvel An. » Ça, c'est une belle surprise, parce que ces derniers temps, Maman n'aime pas se séparer d'elle. Même que des fois, la nuit, elle vient dans son lit. Margot aimerait mieux dormir seule, parce que le lit est tout petit, mais elle n'ose pas chasser Maman. Alors toute une semaine chez Mémé, chic alors ! Elles vont pouvoir jouer toutes les deux toute la journée, et Maman ne sera pas là, à pleurer tout le temps.

La semaine passe vite, trop vite. Déjà, il faut rentrer. Dans l'auto, elle ne reconnaît pas le chemin. Elle demande : « Où on va ? » Alors Maman explique qu'elle a vendu la grande maison de la Montagne Verte, que maintenant, on va habiter un très joli appartement.

– Pourquoi tu l'as vendue, la maison ?

– Elle était bien trop grande pour nous deux.

– Il y a un jardin ? Avec ma balançoire ?

– Le parc de l'Orangerie est tout près, il y a des canards et d'autres animaux, des singes, des fouines, des lynx et des chats sauvages, et puis des jeux pour les enfants.

– C'est pas pareil que le jardin !

– Tu verras, on sera bien.

Si Maman le dit, c'est que c'est vrai. Alors, elle ne dit plus rien… Sauf que se taire, c'est difficile, elle n'y arrive jamais bien longtemps. Alors elle se met à chanter à tue-tête : *Mon beau sapin, roi des forêts…* Elle aime chanter, alors elle chante. Elle chante tout le temps. Trop grande, la maison ? C'est pas vrai, elle est juste comme il faut ! Au fond, ça lui est égal de déménager. Maman a raison, on peut être bien partout. Elle ne sait pas que Maman ne supporte plus de vivre dans la grande maison sans Papa dedans. Elle ne sait pas que Maman n'a plus de quoi la payer. Un prêt sur vingt ans, elle ne peut pas. Margot en a souvent entendu parler, de ce prêt, quand Papa était encore là. Elle a compris que ça devait avoir un rapport avec les sous. Mais à quatre ans, les sous, quand on en a toujours eu assez, ça ne veut rien dire du tout.

La sœur rance

Il n'avait pas souscrit « la sœur rance vie ». C'est Maman qui l'a dit à Mémé. Et Mémé a répété la phrase, en haussant les sourcils et en montant dans les aigus, comme si pas de sœur rance vie, c'était juste impossible à croire : « *Kenn Laaweversescherung* ? »

Margot a entendu. Elle n'a pas très bien compris, quand même un peu, parce que la sœur rance, elle l'a déjà entendu. Elle sait qu'elle en a une, elle. Les parents donnent un peu de sous, et quand on casse quelque chose à l'école, ou quand on fait mal à un camarade, c'est la sœur rance qui paie les dégâts. Elle trouve ça un peu bête, parce qu'elle ne fait jamais mal à personne et elle ne casse presque jamais rien.

La *Laaweversescherung*, c'est peut-être pareil, quand on casse sa vie, la sœur rance donne des sous. Papa, il a cassé sa vie. Seulement voilà, la sœur rance, il ne l'avait pas.

Ça s'est confirmé quand Mémé a dit à Maman : « *Wenn dü Gàld brürsch, ben isch do* - Si tu as besoin d'un peu d'argent, tu sais que je suis là. » Mémé parle alsacien quand elle ne veut pas que Margot comprenne. Elle ne comprend pas tout, loin de là ; un peu tout de même, et ça, Mémé et Maman ne le savent pas.

Toujours tellement insouciant, Papa. Et puis tellement jeune, beaucoup trop jeune pour mourir, personne ne meurt à trente ans. Cela, elle ne se le dit pas. Pas encore. Parce que pour le moment, la mort n'existe pas. Papa, il est juste parti, il n'est plus là. C'est ce que dit Maman.

Elle ne comprend pas pourquoi il n'est plus là. Des fois, elle se demande s'il va être parti encore longtemps. Mais elle sent bien que cette question-là, il vaut mieux ne pas la poser à Maman. Et pas même à Mémé. Alors, elle demande à la maîtresse. C'est une nouvelle maîtresse et une nouvelle école, il a fallu changer quand on a déménagé. Margot s'est très vite habituée, parce que le nouvel appartement est joli, c'est un grand quatre pièces rue de Verdun, et puis à l'école, tout le monde est gentil et la classe est beaucoup plus claire et beaucoup plus belle que l'ancienne qui était toute vieille avec une cour toute grise et nue. Ici, il y a des arbres, et même un potager pour apprendre les légumes et les salades :

- Pourquoi il est parti, mon Papa ?
- Ton Papa n'est pas parti. Tu sais ce que c'est, la mort ?
- Nan, c'est quoi ?
- La mort, c'est quand la vie est finie. Eh bien, la vie de ton Papa, elle est finie.

Elle a du mal à y croire, à cette histoire-là. Encore une histoire de grands. La vie, elle ne finit jamais. La preuve ? Elle peut s'endormir tous les soirs, et le matin, elle est de nouveau là. Et Maman aussi. Et même Mémé, quand elle dort parfois à la maison. Tout le monde s'endort, et tout le monde se réveille. C'est bien la preuve que « l'amor », c'est une idée de grands, ça n'existe pas. Quand on dort, on n'est plus là. Et le matin, on est là de nouveau. Et tous les jours, c'est comme ça.

Et pourtant... Chaque matin, elle va dans la chambre des parents, et Maman est seule dans le lit, Papa n'est pas là. Alors, elle finit pas se dire que la Maîtresse a peut-être raison tout de même. Peut-être que sa vie à lui est bel et bien finie. Peut-être bien qu'elle dit la vérité, il est amor, tout à fait amor. La maîtresse a dit aussi : « foudroyé ».

Amor et foudroyé, deux mots nouveaux, pas beaux du tout, qu'elle connaît désormais. Peut-être même qu'elle les comprend.

Pourquoi on appelle ça la sœur rance vie, puisque c'est une sœur rance amor ? se demande-t-elle. Peut-être parce que l'amor, c'est un vilain mot, pas beau, pas beau du tout. Tellement vilain que Maman n'arrive toujours pas à le prononcer. Elle continue à dire : « Il est parti. » Ou bien : « Il n'est plus là. »

Comme s'il pouvait être ailleurs. Drôle d'ailleurs, une tombe... Au cimetière, elle y est allée une seule fois. Après, plus jamais. Maman ne veut pas. Alors Papa, il est tout seul. Il ne peut même pas bouger, parce que le cercueil est fermé et qu'il y a plein de terre dessus. Ce qu'il doit s'ennuyer !

Ce qui est bien plus embêtant, c'est que maintenant, quand il y a de l'orage, c'est encore pire qu'avant. Heureusement, en hiver, il n'y en a pas souvent. Ça arrive des fois quand même, et alors Maman ferme les fenêtres et baisse les volets. Margot n'aime pas ça, elle voudrait regarder les éclairs, mais Maman ne veut pas, elle s'enferme dans sa chambre, elle se met dans le lit, sous le gros édredon, avec les oreillers sur la tête, pour ne pas entendre le tonnerre. Elle a peur, elle tremble de peur. Margot, elle, n'a pas peur. Ce n'est pas parce que Papa est amor de ça qu'on va tous amorir comme lui, non ? Ces choses-là n'arrivent qu'une fois. Et à elle, ça n'arrivera pas. Tout simplement parce qu'elle n'y croit pas. Quand on n'y croit pas, ça n'arrive pas. C'est tout simple, aussi simple que d'être contente. Il suffit de se réveiller le matin et de regarder le soleil en face, bien en face, sans cligner des yeux. Quand on y arrive assez longtemps, ça veut dire que tout va bien, que la journée sera joyeuse. Et quand il pleut, on peut faire autrement, on garde les yeux ouverts et on laisse l'aiguille faire le tour du cadran sans cligner des yeux. Une minute, ça s'appelle. Ça marche aussi. Quand on y arrive, la journée est bonne, et quand on n'y arrive pas, ça veut dire que la maîtresse dira au moins une fois : « Margot, tais-toi ! » Parce qu'elle bavarde à l'école. Elle sait que ce n'est pas bien, mais elle ne peut pas s'en empêcher. Elle a besoin de parler, de parler tout le temps, et vite, trop vite, on ne comprend pas toujours ce qu'elle dit : « Articule », dit Maman. « Articule », dit Mémé. « Articule », dit la maîtresse. Elle n'a pas le temps. Ils n'ont qu'à ouvrir un peu leurs oreilles, tous, ou alors, ils n'ont qu'à ne pas écouter, parce qu'elle ne dit pas des choses vraiment importantes. À quatre ans et demi, on ne dit rien d'important. En tout cas, c'est ce que croient les grands. Parce qu'ils n'écoutent pas. Ils ne savent pas écouter. Margot, elle, bien qu'elle ne se taise presque jamais, sait écouter. Pas les mots des grands. Ils ne sont pas beaux, et puis, ils ne veulent rien dire, le plus souvent. Ce sont des mots compliqués. Mais elle sait écouter tout de même. Le bruit des feuilles, quand il y a du vent, le bruit de l'eau, dans la fontaine du parc, le vacarme que font les oiseaux quand ils viennent se nicher dans les grands peupliers à l'heure où le soleil se couche. Et elle sait regarder, aussi : les fleurs des parterres, leurs formes, leurs couleurs, les feuilles mortes en automne, les marrons qui s'échappent de leur bogue, elle regarde tout, elle voit tout. Elle range tout ça dans la petite boîte à tiroirs de sa tête, pour plus tard. Parce qu'elle le sait bien, ce qu'elle fera, quand elle sera grande : elle dessinera. Tout ce qu'elle verra, tout ce qu'elle aura vu, elle le dessinera, et puis après, elle mettra des couleurs. Pas des couleurs comme maintenant, non, des couleurs qui sortent des tubes, pas des crayons. Pour le moment, c'est rageant, mais il faut bien s'en contenter, des crayons. La maîtresse dit qu'elle est douée. Mémé aussi, le dit. Il n'y a que Maman qui ne le dit pas. Le plus souvent, elle ne dit rien, Maman. Et puis, c'est comme si elle n'entendait pas, et comme si et elle ne voyait rien, non plus. Margot se dit qu'elle regarde et qu'elle écoute en dedans. Les bruits et les images du dehors, ça ne l'intéresse plus, depuis que Papa n'est plus là. Même Margot, elle ne la voit pas toujours, et elle ne l'écoute pas non plus. Il faut tout répéter deux ou trois fois, c'est un peu agaçant. Alors, l'enfant ne lui parle plus beaucoup, seulement quand elle entend. Parce que parfois, elle entend tout de même un peu, mais jamais bien longtemps. Le reste du temps, la petite parle toute seule, ou avec Foinfoin. Foinfoin, c'est son lapin gris à grandes oreilles tombantes, un lapin bélier que Mémé lui a offert l'an dernier :

« C'est ton *Oschterhààs* », elle a dit, mais il durera plus longtemps que les lièvres en chocolat. Ce sera ton ami, si tu veux. » Et comment, qu'elle veut !

Foinfoin, c'est pas un lapin, c'est une lapine, c'est le vétérinaire qui l'a dit. Lapin ou lapine, peu importe, on peut lui parler autant qu'on veut. Elle ne répond pas, elle se contente de faire bouger son nez, tout vite, tout vite, mais elle ne dit jamais : « Laisse-moi, je suis fatiguée. » Elle ne répond pas, mais elle écoute, au moins. Et ça, c'est bien. En tout cas, elle écoute bien mieux que Maman.

Un soir, Margot ne trouvait pas le sommeil. Ça ne lui arrive presque jamais, mais cette nuit-là, pas moyen. Alors elle s'est relevée et elle a mis la télé, une toute nouvelle, avec des couleurs. Ce n'était pas du tout un film pour les enfants, parce qu'il faisait peur. Enfin, il aurait dû faire peur. Elle, elle n'a pas eu peur, parce que Papa lui avait expliqué que ce qu'on voit dans la télé, ce ne sont que des images, qu'il n'y a rien de vrai là-dedans, sauf des fois, aux informations, et même là, pas toujours. Maman a entendu le bruit et elle s'est réveillée. Elle a un peu grondé, mais pas trop. Il a fallu retourner se coucher. Pas grave ! Elle en avait vu assez pour comprendre : il y avait des gens qui étaient amors, et quand même un peu vivants. Surtout la nuit. Alors, ils devenaient très laids et très méchants. Maman n'est ni laide ni méchante, non, mais elle est quand même un peu comme eux : les yeux vides. Et quand elle marche, on dirait un robot. Quand elle fait à manger ou le ménage, c'est pareil, on dirait une mécanique qui bouge parce qu'on l'a remontée. Elle ne s'arrête que la nuit pour dormir. Margot a bien réfléchi, et elle a trouvé l'explication : Maman a une clé dans son dos, et c'est le fantôme de Papa qui vient la tourner tous les matins pour qu'elle puisse de nouveau bouger. Elle aimerait bien la voir, la clé de Maman, mais elle n'ose pas lui demander. Elle ne peut pas la voir, parce que Maman ne se déshabille jamais devant elle, et quand elle prend sa douche, la porte de la salle de bains est toujours fermée. Alors, elle a demandé à Mémé. Elle a eu un drôle de sourire, et elle a dit : « Tu as des idées bizarres, parfois, *minni luschitgà Margot*, mais oui, c'est à peu près ça… » À peu près, qu'est-ce que ça veut dire ? Rien du tout ! Ils sont comme ça, les grands, ils disent des choses qui n'ont pas de sens. Elle a une clé, ou bien elle n'en a pas. Elle ne peut pas avoir « à peu près » une clé. Mais elle n'a pas insisté. Elle a compris depuis longtemps que les « pourquoi » ne servent à rien. Les « pourquoi » font venir les « parce que », et parfois même, les « parce que c'est comme ça, un point c'est tout. » On ne va pas bien loin avec ce genre d'explication. Il vaut mieux attendre et observer. La réponse finit toujours par arriver. Et quand elle ne vient pas, ce n'est pas grave, parce que de toute façon, on a depuis longtemps oublié la question.

Pour la clé, c'est bien simple, il suffit d'attendre l'été. On ira forcément se baigner et Maman mettra son joli bikini rouge. Là, plus moyen de la cacher, sa clé.

Voilà comment Margot apprend la patience : en attendant l'été.

Le monsieur dans le lit

Tous les matins, c'est la même chose : elle en est à sa troisième ou quatrième tartine badigeonnée de Nutella, et les doigts et la nappe tout pareil, du Nutella partout - faudra pas oublier de tout bien nettoyer après - quand Maman entre dans la cuisine en coup de vent. Elle ne voit pas le Nutella sur les doigts et sur la nappe, pas le temps, vite, au travail, elle a déjà son manteau et son sac, une bise en passant : « Sois sage à l'école », et elle s'en va.

Oui, parce que maintenant, elle y va toute seule, à l'école. C'est beaucoup plus près qu'avant, juste à côté de la maison. Alors, Maman ne l'accompagne plus. Elle a dit : « Tu es grande, maintenant. Tu n'as plus besoin de moi. »

Elle a trouvé ça un peu bizarre. À quatre ans et demi, plus besoin dc Maman ? Bon, après tout, pourquoi pas. En tout cas, pour aller à l'école, c'est vrai, elle y arrive très bien toute seule, et pour revenir, pareil, elle a sa clé attachée à un cordon, elle la porte toujours à son cou. Pour le déjeuner aussi, elle se débrouille, il suffit de mettre dans le four ou sur la plaque électrique ce que Maman a préparé. Elle est très grande pour son âge, plus besoin de monter sur une chaise pour poser la casserole sur la plaque, alors ce n'est pas dangereux du tout. Tous les jours, sauf le week-end, elle déjeune sans Maman, qui reste à la cantine de son travail parce que depuis quelque temps, elle n'a plus qu'une heure de pause. À l'école, il n'y a pas de cantine, il faut rentrer à la maison. Ça ne fait rien, bien au contraire, elle aime ça parce qu'elle peut faire ce qui est défendu quand Maman est là : Foinfoin grimpe sur ses genoux - les griffes, ça chatouille - pour mendier des petits morceaux. Avec son lapin, elle n'est jamais seule, et à table encore moins. Elle mangerait n'importe quoi, Foinfoin. Il faut faire attention, si elle grossit trop, elle tombera malade. C'est ce qu'a dit le vétérinaire. Alors, elle ne lui donne que des feuilles de salade, et puis un peu de légumes cuits, aussi. Elle aime tous les légumes, Foinfoin. C'est bien pratique, quand on ne veut pas laisser de restes. Il vaut mieux ne pas en laisser, parce que Maman gronde quand il y en a, et Margot et les légumes, ça a toujours fait beaucoup plus que deux.

Ce soir-là, Maman rentre plus tard que d'habitude.

Pour le dîner, Margot s'est fait des tartines avec du fromage. Il n'y avait rien d'autre dans le frigo. Pas grave, elle adore le fromage. Depuis toute petite, elle s'en fait des ventrées. Les doux, les forts, les bleus, tous, tous, tous. Et la croûte aussi, elle la mange, pas question d'en laisser ne serait-ce qu'une seule miette. Elle aime mieux avec des pommes de terre sautées, mais Maman n'en fait plus jamais depuis ce jour-là. Il n'y a que chez Mémé qu'elle en mange encore, parfois, le mercredi, quand Maman la lui confie pour la journée, mais même là, il faut supplier. Faire tout un fromage pour des pommes de terre sautées, c'est vraiment n'importe quoi !

Maman dit : « Il est tard, ma puce. Va te coucher. » Elle a un drôle de ton, pour dire ça, alors Margot obéit sans broncher.

Pas d'histoire, ce soir-là. Un peu plus tard, elle est réveillée par des bruits bizarres qui viennent de la chambre de Maman, c'est comme des gémissements. Margot se dit : « Elle a mal, je peux pas la laisser toute seule. » Alors, elle se lève, elle ouvre la porte. Le drap est par terre et il y a un monsieur tout nu couché sur Maman, qui respire fort. « Il est malade, le monsieur ? demande Margot, pas du tout affolée. Parce que s'il est malade, il faut appeler le médecin. »

Maman a ramassé le drap et les a recouverts tous les deux. Elle fait une drôle de tête et elle est tout ébouriffée : « Non, non... juste un petit malaise, rien de grave, tu vois, c'est déjà passé. »

Et le monsieur a l'air tout bête, lui aussi, tout gêné. Il sourit comme un idiot.

« Ah bon, je vois ce que c'est... » dit-elle en refermant la porte. En vrai, elle ne voit pas très bien, mais rassemblant ses souvenirs interdits, elle se dit : « C'est comme dans la télévision, quand les grands se frottent l'un contre l'autre dans le lit. C'est ça, sûrement, ce qu'ils sont en train de faire. C'est franchement dégoûtant ! » Et elle retourne se coucher. Il n'y a plus d'autres bruits cette nuit-là, ou alors, elle s'est endormie, elle ne les entend pas.

Au matin, Maman est seule à la table du petit déjeuner. Si elle a son air un peu rêveur, ses yeux sont moins vides que d'habitude, pour un peu on dirait qu'elle sourit. Margot ne demande pas où est le Monsieur de la nuit et Maman ne dit rien non plus. Comme on est dimanche, il n'y a ni école ni travail et Maman propose d'aller au parc, pour jouer. Elle ajoute : « Il faut en profiter, on annonce de la pluie pour toute la semaine à partir de demain. »

Les jours suivants, il ne se passe rien de particulier. Le vendredi, après le dîner, Maman dit :

- Quelqu'un va venir, tout à l'heure. Et comme Margot reste pour une fois silencieuse, elle précise : un Monsieur.

- Celui de l'autre fois ?

- Oui...

- Il ira de nouveau dans le lit avec toi ?

- Oui, il dormira peut-être ici.

- Comme Papa ?

- Non ! Pas comme Papa, voyons !

- Mais il dormira avec toi, à la place de Papa.

- Ça ne veut pas dire qu'il prend sa place. Personne ne prendra sa place, jamais.

- Ça m'est égal, de toute façon.

- Tu serais d'accord, si le Monsieur venait souvent ?

- Je sais pas, je le connais pas.

- Tu le connaîtras.

- Il va venir habiter avec nous ?

– Non, voyons ! Pas tout de suite, en tout cas. Il faut d'abord essayer, voir si on s'entend bien avec lui, toutes les deux.

– Tu le connais depuis longtemps ?

– Très longtemps. Je travaille avec lui depuis dix ans.

– C'est ton patron ?

– Oui.

– Il a pas une femme à lui ?

– Non.

– Alors, il a pas d'enfants non plus.

– Non, pas d'enfants.

– Dommage... ça me plairait, un petit frère ou une petite sœur. Vous pourriez m'en fabriquer un, peut-être. Ou même deux ! Un de chaque, c'est ça qui serait bien !

– C'est un peu tôt pour en parler.

– Ouais... Tu me le montres quand, le Monsieur ?

– Tout à l'heure. Il s'appelle Michel.

– Comme Papa ?

Là, Maman se met à pleurer. Alors Margot dit : « Pleure pas, tu vas avoir les yeux rouges quand il viendra et alors il aura peur et il partira. »

Et elle va dans sa chambre. En attendant le monsieur, elle chantonne *Mon beau sapin*, sa chanson préférée, et tant pis si ce n'est pas la saison.

On sonne. Maman va ouvrir et appelle Margot.

Le Monsieur est très grand avec des cheveux tout noirs, pas du tout comme Papa, qui était blond. Il porte un très beau manteau : « Michel, je te présente Margot. Margot, je te présente Michel. »

Il a une belle voix, grave et douce à la fois, et sa main est chaude et sèche. C'est un bon point, elle a horreur des mains humides qui collent. À première vue, il a l'air d'un Monsieur bien, il peut rester dormir avec Maman, s'il veut.

Alors, Michel reste dormir. Et puis le vendredi suivant aussi. Et de plus en plus souvent ensuite. Il a fini par apporter quelques vêtements et dans la salle de bains, il y a maintenant un rasoir et trois brosses à dents.

Le soir, c'est lui qui lit l'histoire. Et c'est lui aussi qui joue aux petits chevaux. Ça, c'est bien, parce que Maman, elle, n'aime toujours pas jouer. Et quand on va parfois chez Mémé, le dimanche, il vient aussi. Elle a l'air contente de le voir. Maman ne pleure presque plus jamais, alors Margot est contente aussi. Tellement contente qu'elle fait un beau dessin pour offrir à Maman. Elle prend une grande feuille blanche, et dessus, elle met la maison avec la cheminée qui fume. Et devant la maison, il y a Maman toute blonde, Michel aux cheveux noirs, Margot pareille en plus petit, cheveux noirs aussi, des couleurs très vives pour les habits, et Foinfoin dans l'herbe verte. Elle regarde et se dit que c'est joli. Il manque quelque chose, pourtant. Il manque quelqu'un. Alors, elle ajoute Papa, mais elle le fait tout gris. Voilà, maintenant, tout le monde y est, elle peut donner le dessin à Maman.

Elle regarde et dit :

– C'est tout à fait ça…

Elle ne pleure pas. Elle regarde plus attentivement, et puis :

– Qu'est-ce que c'est, ce que tu as dessiné sur mon ventre ?

– C'est pas dessus, c'est dedans. C'est mon petit frère.

– Il n'y a pas de petit frère dans mon ventre, ma chérie !

– C'est pas grave, t'en fais pas, ça viendra.

Alors, Maman rit et montre le dessin à Michel qui rit aussi, et les deux l'embrassent.

Ça, c'est un chouette de bon moment. Pour être sûre de ne pas le perdre, Margot le range vite, vite, dans le tiroir de sa tête avec l'étiquette bleue où il y a marqué en grandes lettres un mot qu'elle ne sait pas lire encore, mais qui sonne tout doux, avec comme un peu de nostalgie.

Quand trois poules vont au champ

À la rentrée, on déménagera. Ils ont décidé ça tous les deux. Bien sûr, ils ont quand même demandé à Margot si elle était d'accord. Si elle est d'accord ? Et comment ! Michel est gentil, et Maman a l'air contente. Pour Margot, c'est tout ce qui compte : ne plus la voir pleurer comme elle faisait avant. Et puis, elle est belle la maison de Michel, très grande, avec un beau jardin. Depuis quelque temps, ils y passent les week-ends, tous les trois. Il n'y a pas encore de balançoire, mais il a promis d'en mettre une bientôt, une toute neuve, avec plein de couleurs. La maison, elle est à la Robertsau. Il n'y a que des grandes et belles maisons avec de grands et beaux jardins, parce que c'est un quartier chic de Strasbourg.

Michel veut qu'elle aille dans une autre école, il dit que « le privé », c'est mieux pour apprendre. Changer encore une fois, c'est un peu embêtant, mais pas trop, elle se fera vite de nouveaux amis. Ce ne sera pas difficile, et d'autant moins qu'elle n'a pas de fiancé. Pas comme Gloria, qui a pleuré pendant des jours et des jours, quand Romuald a dû partir avec son père, parce qu'après le divorce, sa mère a décrété qu'elle ne voulait pas le garder, et sa petite sœur non plus. Drôle de mère, se dit Margot, jamais Maman ne ferait une chose pareille ! C'est tout juste si elle accepte de la laisser quelques jours chez Mémé, de temps en temps, pas souvent. Et alors, elle appelle tous les soirs pour demander si tout va bien. Toujours tellement inquiète... Heureusement, ça va un peu mieux depuis que Michel est là, parce qu'elle est « amoreuse ». Ça l'occupe entièrement. Est-ce que ça veut dire qu'elle n'était plus amoreuse de Papa ? Margot se pose la question, parfois. Non, ça ne peut pas être ça. Elle l'aimait, et même très fort, sinon, elle n'aurait pas pleuré autant. C'est juste qu'elle était avec lui depuis longtemps, alors qu'avec Michel, c'est encore tout nouveau. C'est comme les jouets, se dit Margot, quand j'en ai un neuf, j'ai tout le temps envie de jouer avec, et même la nuit, je l'emmène dans le lit. Après, c'est plus pareil, je l'aime encore, mais j'ai plus besoin de l'avoir tout le temps avec moi.

Tout de même, elle n'a pas pleuré si longtemps que ça... Combien ? De juillet à avril, et elle essaie de compter sur ses doigts. Elle s'embrouille, elle recommence ; dix, juste autant que de doigts. Dix mois, c'est long ! Et puis, elle réfléchit. C'était seulement l'été dernier... Pas si long que ça, conclut Margot en faisant une drôle de moue.

Tout de même, se dit Margot, c'est vraiment bizarre, les mots. Amor et amoreux, c'est presque pareil, alors que ça veut pas du tout dire la même chose... Ou bien si, quand même ? Papa, il était amoreux de maman, et maintenant, il est amor. Mais Maman, elle est pas amor. Alors, ça veut peut-être tout de même dire qu'elle était plus amoreuse de Papa ? Elle était presque amor, et maintenant, elle l'est plus, parce qu'elle est amoreuse de nouveau. Comment c'est possible, ça ? Oh puis zut ! C'est trop compliqué. Faut pas chercher à comprendre. Tout ça, c'est des histoires de grands…

Le déménagement, ce n'est pas tout de suite, d'abord, il y a l'été et les vacances. On ira tous ensemble à la mer. « Ce n'est pas la mer, dit Michel, c'est l'océan. » La fillette ne voit pas la différence et elle s'en fiche, quand il y a beaucoup d'eau, c'est la mer, et quand c'est plus petit, c'est un lac, ou alors, si c'est tout petit, c'est un étang, avec des grenouilles au bord qui font crôa-crôa, et des poissons argentés dedans. Mais les grands, il faut toujours qu'ils compliquent. Alors, pour leur faire plaisir, elle ne dit plus mer, elle dit comme eux : océan.

Mémé viendra aussi. Comme ça, les amoreux auront du temps rien que pour eux, et ils pourront faire du bruit dans la chambre pendant qu'elle et Mémé seront à la plage. Ça lui fait plaisir qu'elle vienne, elles pourront jouer toute la journée.

Michel a loué une maison, là-bas. Il a dit : « C'est à La Rochelle, aux Minimes. » C'est drôle, ces noms… La Rochelle, ça fait penser à un gros rocher. Il y a peut-être un gros rocher dans l'eau ? Et les Minimes, on dirait que c'est pour les jeunes, comme au foot. Les ados, ils vont dans l'équipe des minimes. Peut-être bien que tous les enfants jouent au foot, là-bas. Elle pourrait demander à Michel. Si elle ne le fait pas, c'est parce qu'il se lancerait dans des explications à n'en plus finir. Elle préfère attendre, elle verra bien ce qu'il en est, quand elle y sera.

Il dit qu'il y a une grande terrasse d'où on voit les bateaux, et il y a une piscine aussi. Margot trouve qu'une piscine, quand on est au bord de l'océan, c'est stupide, surtout que l'eau de la piscine, elle a une odeur écœurante. Maman explique :

– C'est pour les jours où il y a le drapeau orange ou rouge.

– Ils servent à quoi, les drapeaux ?

– Ils indiquent si on peut se baigner ou non. On hisse le drapeau orange quand il y a des vagues, pour dire qu'il faut être prudent, et le rouge pour dire que la baignade est interdite, parce que c'est trop dangereux.

– C'est rudement bien, les couleurs. Comme ça, même les enfants qui savent pas lire, ils peuvent comprendre, dit Margot en hochant gravement la tête.

En attendant, il reste encore deux semaines d'école. Deux longues semaines pendant lesquelles elle demande chaque soir : « Il faut dormir encore combien de fois ? » Les premières fois, il y en a trop pour se faire une vraie idée. Depuis aujourd'hui, plus que dix, alors elle peut les compter sur ses doigts.

À l'école, on prépare la fête. On fera du théâtre et des chansons, et les parents viendront. Margot voudrait chanter *Mon beau sapin*, mais la maîtresse ne veut pas, elle dit que ça ne se chante qu'à Noël. C'est idiot ! Une chanson, quand on l'aime vraiment, on peut la chanter n'importe quand. Tant pis… *Le vieux chalet*, alors. La maîtresse a secoué la tête :

– Ça ne plairait pas à ta maman.

– Pourquoi ?

– Tu sais bien… ton papa…

Alors, elle a compris. Heureusement qu'elle sait penser, la maîtresse... Quoi, alors ? *Quand trois poules vont au champ* ? Oui, celle-là ira bien. Un peu courte... pas grave : en la chantant deux fois, elle fera l'affaire.

Et pour le théâtre, on fera Blanche-Neige. C'est elle qui a le rôle principal, à cause de ses cheveux noirs. Elle est très fière. Elle a quand même mis une condition : Le Prince Charmant, il fera le bisou sur le front et pas ailleurs, parce qu'ailleurs c'est dégoûtant, surtout si c'est Julien, le Prince Charmant. Elle l'aime bien, Julien, mais il tire les cheveux trop fort quand on joue aux Indiens.

La maîtresse a dit : « D'accord. »

Et Julien a dit : « De toute façon, les filles, je les embrasse pas. Seulement ma maman. »

Comme ça, tout le monde est content.

L'océan, ça se mérite

La fête, c'était aujourd'hui. Tous les parents ont applaudi très fort et très longtemps, Mémé a versé une larme parce qu'elle était émue, et Michel l'a félicitée : « Tu es parfaite, en Blanche-Neige ! »

Et pourtant, ça a failli rater, parce que Julien n'a pas tenu sa promesse. Le bisou, il l'a fait sur la bouche, pouah ! Elle a eu envie de le taper, mais sur scène on ne fait pas comme dans la vie, et Blanche-Neige ne peut pas taper son Prince Charmant. Alors, elle a fait son regard tout noir et elle a serré les dents. Après, Julien lui a donné une glace à la vanille. Elle adore ça, la glace à la vanille. Alors, elle n'a plus été en colère du tout et elle a bien voulu jouer aux Indiens avec lui. Il lui a tiré les cheveux très fort et ils sont redevenus amis, comme avant.

Plus qu'une nuit ! La grande voiture de Michel est déjà chargée. On n'emporte pas grand-chose : les maillots, les grandes serviettes de plage, des vêtements, et des jouets pour Margot. Et puis Foinfoin aussi, bien sûr. Finalement, c'est sa cage qui prend le plus de place. Heureusement, c'est une très, très grande auto.

Demain matin, très tôt, le soleil ne sera même pas encore levé, on ira chercher Mémé, et on roulera toute la journée, presque sans s'arrêter, parce que neuf cents kilomètres, c'est beaucoup, beaucoup. « Ce sera un peu long pour toi, mais l'océan, ça se mérite ! » a dit Michel.

Vivement demain soir ! L'eau, le sable et les bateaux !

La clé de maman

Il n'y a pas de gros rocher dans l'eau, seulement des châteaux qu'on voit au loin. Ce ne sont pas des châteaux pour y habiter, ce sont des forts pour faire la guerre. C'est ce qu'a dit Michel. Heureusement, il n'y a plus de guerres. Et les enfants ne jouent pas au foot, ils font de la voile. Elle aimerait bien en faire aussi, mais il paraît qu'elle est encore trop petite.

– Pourquoi ? C'est moi la plus grande !

Alors, Michel a corrigé :

– Tu es grande, oui, mais tu n'as pas encore l'âge qu'il faut. On verra l'an prochain.

Pas l'âge qu'il faut ? N'importe quoi ! Cela, elle ne l'a pas dit, parce qu'elle est polie, elle l'a juste pensé très fort.

Et bon, rien à faire, les grands ne veulent pas, tant pis. Alors, elle passe des heures à la plage, et le reste du temps, elle dessine. Ce matin, elle a fait une mouette blanche et grise avec son grand bec jaune qui picore quelque chose dans le sable. Elle est très fière, parce que c'est une très belle mouette, et puis surtout, parce que maman a dit : « Plus vraie que nature ! On dirait qu'elle va s'envoler. »

Elle n'a pas de clé dans le dos, Maman.

Ça ne veut pas dire pour autant qu'elle n'en a jamais eu, au contraire. La preuve : elle a une cicatrice, juste entre les omoplates. On la voit très bien quand elle met son bikini rouge. Margot a réfléchi et elle a compris ce qui s'est passé : un matin, le fantôme de Papa est venu comme tous les autres matins, il a vu Michel dans le lit à côté de Maman qui ne pleurait plus. Alors, il a emporté la clé, parce qu'elle n'en avait plus besoin. Ça a juste laissé une petite marque, pour que Maman se souvienne tout de même un peu de lui, parfois. Le problème, c'est que là où elle est, sa cicatrice, elle ne peut pas la voir, parce qu'elle n'a pas des yeux dans le dos. Heureusement, Margot peut la voir, elle. Alors, c'est elle qui pense à Papa.

Ce qu'il était rigolo ! Surtout quand il faisait bouger ses oreilles et ses yeux. Ses oreilles, il pouvait en faire bouger une sans faire bouger l'autre, et ses pupilles, tout vite, tout vite, de gauche à droite et de bas en haut. Quand il faisait ça, elle riait aux larmes.

Et des fois, il se déguisait en croquemitaine et il faisait semblant de la dévorer. Elle n'avait pas peur du tout, parce qu'elle savait bien que c'était Papa, à cause des cheveux qui dépassaient de la perruque, et de la moustache tout de travers. Ce qu'elle aimait le mieux, c'est quand il faisait le loup-garou, parce qu'il imitait très bien le cri du loup, ouh ! ouh !

Il avait de drôles d'idées, Papa, et il savait bien que ce qui fait peur aux autres enfants, elle, ça la faisait rire, au contraire. Ils riaient ensemble tous les deux, et après, il lui faisait des bisous à l'envers sur le ventre, des bisous qui font un bruit de prout. Ça aussi, ça la faisait rire, mais rire ! Surtout que les bisous, ils faisaient des chatouilles. Et après, quand ils avaient tellement ri qu'ils n'en pouvaient plus ni l'un ni l'autre, il la prenait dans ses bras, et pour la bercer, il lui chantait des chansons qui ne sont pas pour les enfants : *Gare au Gorille* et *La mauvaise Réputation* et puis aussi *Sandale dans la famille* – Margot dit sandale, parce que scandale, c'est un mot compliqué qui ne veut rien dire. La sandale, elle était vraiment rigolote, surtout la fin : « Ton père n'est pas ton père, et ton père ne le sait pas. »

Ça avait le don d'énerver Maman, qui râlait :

- Arrête, ce n'est vraiment pas de son âge !

Il n'était pas d'accord :

- Il n'y a pas d'âge pour les bonnes chansons !

Et quand il avait fini de chanter, il proclamait d'une voix caverneuse, celle qu'il appelait « La Voix du Juge des Enfers » :

- Allons ! Au lit, maintenant.

Comme elle était trop excitée pour s'endormir, il fallait une très longue histoire.

- Tu vois le résultat, disait Maman.

- Si on ne peut plus s'amuser, autant aller se pendre, répondait Papa. Et il penchait la tête de côté, les yeux tout blancs, la bouche ouverte, la langue qui pend. Alors, elle riait encore plus fort, et il fallait une autre histoire. Il en inventait plein, des histoires. Maman elle lit seulement celles qui sont dans les livres, alors que Papa, il les inventait. Et ça aussi, c'était bien. Et après, il faisait ses yeux de chat, on voyait juste encore une fente, il s'approchait et lui glissait dans l'oreille : « Dormez, *Signorina Margot Gioia* ! Dormez, *lo voglio io* ! » *Lo voglio io*, ça veut dire : Je le veux. Ça, Margot le comprenait bien, Papa lui avait traduit. C'était le signal, la formule obligée. Quand il l'avait prononcée, elle savait qu'il y aurait encore le bisou tout doux, tout doux, sur le nez et dans le cou et qu'après, elle fermerait les yeux.

Dormir, c'est bien, parce qu'il y a les rêves. Il y en a un qui revenait très souvent, et même encore maintenant, toujours avec le même personnage, un tout petit bonhomme. C'est Papa, mais minuscule, et il fait le clown, des pitreries à se tordre.

Parfois, elle riait tellement fort que Maman venait dans la chambre, tout affolée. En la voyant endormie qui tressautait de rire, elle se mettait à rire aussi, alors elle n'en voulait plus du tout à Papa, même s'il excitait sa fille déjà bien assez excitée de nature, au moment où au contraire, il aurait fallu la calmer.

Parfois, elle se réveillait un instant, et elle les entendait rire eux aussi, dans la chambre à côté. Ils ne riaient pas fort, pour ne pas la réveiller, mais ils riaient. Oh comme ils riaient ! Sans doute Papa faisait-il le pitre pour Maman aussi.

Oui, il était vraiment rigolo. C'est peut-être parce qu'il avait un métier pas amusant du tout : « inspecteur des un pot ». Elle ne sait pas ce que c'est que ce pot... Parfois le soir quand il rentrait, il disait : « Je sais bien que des comme moi, il en faut, mais il y a des jours où ce n'est pas drôle, pas drôle du tout... » Dans ces cas-là, Maman ne répondait pas, parce elle savait que ça ne servirait à rien. De toute manière, il n'en aurait pas dit davantage, il ne racontait jamais sa journée de travail au pot. Il préférait faire le clown pour sa fille.

Michel est gentil, on ne peut pas dire le contraire, mais il est beaucoup moins rigolo que Papa. Toujours sérieux quand il parle, et il explique les choses. Il dit à Maman : « L'éducation, c'est important. » C'est de Margot qu'il parle, quand il dit ça. Pour lui, tout est toujours très important. Elle, ça l'ennuie un peu, toutes ces explications, mais comme elle est bien élevée et qu'elle ne veut pas faire de peine, elle écoute. Et quand c'est vraiment trop long ou trop ennuyeux, elle fait semblant. Est-ce que Maman fait pareil, parfois ? C'est bien possible. Parce qu'à elle aussi, il explique beaucoup de choses très importantes. Il appelle ça « l'apeulitique ». Qu'est-ce que ça peut bien être ? En tout cas, ça a l'air compliqué, et pas du tout intéressant.

Mais il est tellement attentionné... On ne peut pas lui en vouloir, si ses longs discours ennuient parfois un peu les gens.

Mer d'huile

Aujourd'hui, elle est restée avec Mémé. Il fait un temps magnifique, pas une vague, pas même une ride, mer d'huile, calme plat, alors Michel a loué un petit voilier et il a emmené Maman faire une promenade sur l'eau. Il a fait beaucoup de voile quand il était plus jeune, il était même moniteur, l'été, et il a remporté des trophées aussi, des coupes de toutes les tailles, bien alignées dans la vitrine de son bureau, dans sa maison. Et encadrés, sur le mur, il y a ses diplômes, il y en a beaucoup. Un en particulier, dont il est très fier, et qui vient de la *Harvard Business School*. Il paraît que c'est une école très chic, très importante, beaucoup plus chic que celle où elle ira l'an prochain, et qui pourtant est déjà très chic. La « Preuve y danse », elle s'appelle. On doit bien s'y amuser !

L'enfant a pris son goûter depuis longtemps. Bientôt il va être l'heure de dîner. Ils ne devraient pas tarder à rentrer : « En fin d'après-midi », a dit Michel.

L'après-midi est passé.

L'heure du dîner aussi. Mémé commence à s'inquiéter : pourvu qu'il ne leur soit rien arrivé.

La nuit est tombée. Mémé appelle la Police. Elle explique. Elle a mis le haut-parleur pour que Margot puisse entendre aussi. Le policier n'a pas l'air de s'affoler, aucun accident n'a été signalé, aucun signe de détresse n'a été envoyé, l'océan n'a jamais été plus calme, il n'y a aucun danger. Ils se seront arrêtés dans un bon restaurant, voilà tout. Et il ajoute en riant : « Une petite escapade en amoureux, c'est permis, non ? » Mémé remercie et raccroche, mais elle n'est pas rassurée pour autant.

Elle rappelle la police un peu avant minuit. L'enfant n'est pas couchée, elle commence à s'inquiéter un peu elle aussi, parce que les « escalades », ce n'est pas du tout le genre de Maman, au moindre retard elle appelle, et on trouve des téléphones partout. C'est un autre policier qui répond. Il dit la même chose que le premier : « Une petite virée en amoureux, c'est tout ce qu'il y a de plus naturel. Ils ont peut-être pris une chambre d'hôtel ? Un bon conseil, mettez-vous au lit et dormez sur vos deux oreilles. Demain, ils seront de retour. »

Margot finit par s'endormir. Pour Mémé qui se tourne et se retourne dans son lit sans parvenir à trouver le sommeil, la nuit est longue. Très longue.

Le lendemain, ils ne sont toujours pas là.

La Société de Sauvetage en Mer est alertée. Tous les bateaux qui longent la côte sont prévenus, un hélicoptère survole le littoral. C'est lui qui repère le voilier chaviré, mat brisé. Aucune trace de ses occupants.

Les recherches se poursuivent pendant trois jours encore. On ne retrouve ni Michel ni Maman.

Peut-être l'océan rendra-t-il un jour leurs corps, mais rien n'est moins sûr. Les eaux sont poissonneuses dans cette région côtière.

Amor

Comment faire le deuil d'un être cher quand on n'a pas vu son corps mort, immobile et froid, figé à tout jamais ? Et là, ce n'est pas un être cher, c'est deux ! Et il n'y a pas de cercueil, pas de cimetière non plus, pas de tombe où on pourrait aller poser des fleurs.

On a beau se dire qu'ils ne reviendront jamais, on continue malgré tout à attendre, parce que si on n'a rien retrouvé d'eux, c'est qu'ils sont peut-être vivants. On a vu le voilier chaviré, c'est vrai, et le mât cassé aussi, mais le naufrage, on ne peut pas l'expliquer. Il faisait tellement beau ce jour-là, et Michel est un as de la voile, il n'a pas pu faire de fausse manœuvre. Si un autre bateau les avait percutés, on aurait retrouvé des traces sur la coque. Il n'y avait pas une seule trace, rien. Alors, on ne peut pas s'empêcher de les imaginer heureux, quelque part au bout du monde.

Non, non ! Ça ne se peut pas, Maman ne l'aurait jamais abandonnée.

Maintenant, elle vit chez sa grand-mère. C'est sa seule famille, alors elle vit là. Elles ne sortent pas souvent et elles ne voient presque personne, parce que Mémé n'a pas beaucoup d'amis, juste une, Yvonne, qui vient parfois à la maison et chez qui on va le dimanche. Elle est gentille, Yvonne. Elle sait jouer presqu'aussi bien que Mémé. Avec ces deux-là, Margot ne s'ennuie jamais. Ce qui est bien aussi, c'est qu'elle n'a pas été obligée de changer d'école, parce que Mémé a obtenu une « dirogation », ou quelque chose comme ça. Ça veut dire qu'elle a le droit d'habiter à Neudorf et de rester dans son école du Quartier des Quinze. Elle ne voulait pas trop y penser, mais en vrai, ça l'embêtait quand même un peu de devoir changer encore une fois. Elle ne peut plus y aller à pied toute seule, c'est beaucoup trop loin. Alors, Mémé l'emmène en auto et elle vient la chercher à midi pour déjeuner à la maison. Fini, les petits morceaux pour Foinfoin. Du coup, elle a bien maigri : « Elle est en bonne santé », a dit le vétérinaire.

Vivre avec Mémé, c'est facile parce qu'elles sont toujours d'accord sur tout, toutes les deux. Bien sûr, elle est un peu vieille, mais pas tant que ça ; à cinquante ans, on peut encore élever une enfant. D'ailleurs ce n'est pas vrai, qu'elle est vieille. Elle ne ressemble pas du tout aux mamies qu'on voit dans les dessins animés. Ses cheveux sont tout blonds, comme ceux de Maman. Et si sous le blond il y a un peu de blanc qu'on voit parfois aux racines, ça ne dure jamais longtemps, elle va vite chez le coiffeur et quand elle revient, elle est de nouveau jeune et belle. Oui, parce qu'elle est belle, presqu'aussi belle que Maman. Si elle est triste, elle ne le montre pas, elle plaisante, elle joue aux cartes et aux petits chevaux quand il pleut, et à cache-cache dans le jardin quand il fait beau. Oui, vraiment, elle est contente de vivre avec Mémé. Bien sûr, Maman lui manque un peu, pas trop.

Ce qui l'embête le plus, c'est son anniversaire. Parce que même si on fait une petite fête, on ne pourra pas s'empêcher de penser à eux. Pourquoi ils sont amors tous les deux en été ?

Elle sait à présent qu'on ne dit pas amor, Mémé lui a expliqué, mais il n'y a rien à faire, elle ne peut pas le dire, pas même le penser, parce que mort, c'est comme un chien méchant avec de grandes dents, alors qu'amor, même si c'est un peu triste, c'est quand même beaucoup plus doux. Mais amor ou mort, on s'en fiche, parce que pour l'anniversaire, c'est rudement embêtant. Papa, le jour même de ses quatre ans, et Maman, trois jours avant ses cinq ans. C'est vraiment pas de chance, parce que les anniversaires, elle aimait ça, avant. Elle se souvient très bien du jour de ses trois ans, il y avait plein de bonnes choses à manger, et un gros gâteau à la framboise avec les trois bougies. Il y avait Margot, Papa, Maman, Mémé et Yvonne. Juste eux cinq, et c'était bien. Mémé lui avait offert une nouvelle robe, une jaune avec des broderies sur les poches ; elle est fortiche en couture, Mémé ! Et puis aussi une poupée qui dit Maman et qui fait pipi, ça, c'était rigolo ! Maman lui avait donné un autre jouet, elle ne sait plus quoi, et après le déjeuner, Papa l'avait emmenée voir un spectacle de clowns pour les enfants. Le spectacle s'était arrêté au beau milieu, parce qu'il y avait eu un orage – un orage, déjà – qui avait éteint toutes les lumières et pas moyen de réparer. Alors, ils étaient revenus à la maison à pied et sous la pluie, et ça aussi, c'était un chouette de joli moment à ranger dans le tiroir bleu. Des éclairs plein le ciel, et le tonnerre. Papa avait dit : « C'est beau ! » Et la petite avait répondu : « Oh oui, c'est beau ! »

Il n'y aura plus jamais d'orage avec Papa. Et il n'y aura plus jamais Maman qui a peur à cause des éclairs et du tonnerre. Ils ne sont plus là. C'est pas de chance, vraiment. Mais il reste Mémé, alors tout va bien. Parce qu'elle est toujours gentille et rigolote. Et même, elle fait de nouveau des pommes de terre sautées quand Margot en a envie. Dommage qu'elle ne parle presque plus jamais alsacien. Elle aimait bien, Margot, mais Mémé dit que le français, c'est mieux, à cause de l'école. La Grande Ecole, où elle ira bientôt.

Madame Ortifaniste

C'est tout près de la maison, alors elle peut de nouveau y aller seule. Elle aimerait bien prendre la jolie bicyclette rouge toute neuve que le *Oschterhààs* lui a apportée. Elle sait bien que ce n'est pas lui qui achète les bicyclettes, les lièvres n'ont pas de sous, mais c'est amusant de faire encore un peu le bébé, des fois.

À l'école, elle n'est plus du tout un bébé, et elle pourrait bien la prendre, la bicyclette.

Mémé ne veut pas, elle dit :

- C'est beaucoup trop dangereux.
- Quand est-ce que j'aurai le droit, alors ?
- Quand tu auras huit ans, pas avant.
- S'il te plaît !
- *Naï !*

Mémé ne dit pas non souvent, alors quand ça arrive, et surtout si elle le dit en alsacien, Margot sait qu'elle ne changera pas d'avis. En attendant, elle fait des tours dans la petite rue devant la maison. Là, elle a le droit, parce que c'est interdit aux autos, sauf « ravirains » - les ravirains, c'est Mémé et les voisins - alors il n'y a pas de vrai danger. Elle risque seulement de tomber. Ça lui est arrivé deux fois ; elle ne s'est pas fait très mal, juste les mains et les genoux écorchés. Elle n'a pas pleuré quand Mémé les a tamponnés avec le désinfectant qui pique et le mercurochrome tout rouge, parce qu'elle savait bien que c'était de sa faute. La première fois, elle regardait en arrière et elle n'a pas vu qu'elle déviait - droit dans le mur ! Et la deuxième fois, c'est parce qu'elle s'exerçait à rouler sans les mains. Le guidon a tourné tout seul et elle n'a pas eu le temps de le rattraper. Mémé l'a traitée de casse-cou les deux fois et elle a un peu grondé. Elle a même dit : « Si tu n'es pas capable de rouler droit, je te la reprends. » Ça, pas question ! Sans bicyclette, ce serait comme sans Foinfoin, tout à fait impensable. Alors maintenant, elle fait bien attention.

L'embêtant, c'est qu'on ne peut pas faire de la bicyclette tout le temps, il y a les devoirs. Pas beaucoup, mais quand même tous les jours. C'est embêtant, les devoirs. Heureusement, Mémé est là pour aider. Quand elle revient de l'école, on range la machine à coudre et les tissus, on ramasse les épingles qui traînent, et on s'y met ! Les lettres et les chiffres, elle les reconnaît à peu près, mais ils ont une fâcheuse tendance à se mélanger, et après, quand on relit, ce n'est pas du tout comme ça devrait. Ecrire et compter, c'est difficile. La Maîtresse a demandé à Mémé de venir la voir, après l'école. Elles ont parlé toutes les deux, longtemps. Comme ce n'était pas intéressant, Margot n'a pas écouté.

Maintenant, elle doit aller chaque semaine chez une dame. Madame Ortifaniste, elle s'appelle. Et la « dislaxie », c'est ce qu'elle a, Margot. Une espèce de maladie, il paraît. N'importe quoi ! Elle n'est jamais malade, même pas un rhume en hiver, alors ! Ils sont vraiment bizarres, les grands.

Il faut toujours qu'ils compliquent, alors que tout est si simple. Bon, d'accord, il faut apprendre à lire, à écrire, et puis le calcul aussi. Tous les enfants passent par là, c'est comme ça et pas autrement, pas moyen d'y couper. Mais elle se dit que rien ne presse, qu'elle a le temps. De toute façon, elle, ce qu'elle aime, c'est le dessin. Pas besoin de savoir lire et écrire pour ça, et pas besoin non plus de savoir compter. Alors, si elle a la dislaxie, c'est pas grave, puisque cette maladie-là ne l'empêche pas du tout de dessiner.

Canucule 76

Ça doit être un peu grave tout de même, parce que les grandes personnes ont décidé qu'elle devait redoubler son CP. « Ce serait une erreur de la faire passer en CE1, a dit la maîtresse. Avec son retard, elle serait complètement perdue. Croyez-moi, Madame, il vaut mieux lui laisser une année de plus. En un an et en continuant l'ortifanie, beaucoup de choses peuvent changer. »

Mémé a été d'accord, elle a dit oui pour le redoublement, et oui aussi pour continuer l'ortifanie.

Et comme elle était bien partie sur sa lancée, la maîtresse ne s'en est pas tenue là ; elle a trouvé bon de conseiller en plus d'aller voir un « psicalogue ». Elle a expliqué à Mémé que la dislaxie, ça s'attrape des fois quand on est orphelin. Mémé a secoué la tête pour faire un ni oui ni non et elle a dit que c'était possible, mais que ça pouvait tout aussi bien être là depuis toujours, sauf que quand un enfant est tout petit, la dislaxie, personne ne la voit. La maîtresse a insisté, alors pour avoir la paix, Mémé a dit que oui, qu'elle prendrait rendez-vous.

Heureusement, au bout de quatre ou cinq fois, le psicalogue, un vieux monsieur très gentil aux cheveux tout blancs qui griffonnait des choses informes sur son carnet en attendant que Margot, intarissable comme toujours, ait fini de parler, a décrété que tout allait bien, et elle n'a pas eu besoin d'y retourner.

Ouf ! se dit Margot, parce que lui, c'est vrai qu'il est gentil, mais il ne sait pas du tout dessiner.

L'été est long quand on ne va nulle part.

Et cet été 76 est plus long encore que les autres, parce qu'il fait chaud tout le temps, il ne pleut jamais. On ne peut même pas jouer dehors, il fait bien trop chaud. Le jardin a l'air tout mort, parce qu'on n'a plus le droit d'arroser. Maintenant, elle dit « mort ». Elle le dit pour les plantes, pour les bêtes, et même pour les gens. Elle le dit pour tout, sauf pour les parents. Eux, ils sont amors une fois pour toutes et pour toujours. Surtout depuis que Mémé lui a dit ce que ça veut dire, amor, en italien. Du coup, de pas vraiment joli qu'il était, le mot est devenu presque beau.

Elle voit à la télé des rivières asséchées, des animaux morts de faim et de soif. Un agriculteur s'est tiré une balle dans la tête parce qu'il n'avait plus rien à donner à ses vaches.

« Heureusement, nous on n'a pas de vaches, et on a un ventiloteur, dit-elle, toujours pragmatique. Et l'eau du robinet, elle coule encore, on peut boire autant qu'on veut. Quand même, c'est pas dôle, la canucule. »

– La canicule, Margot. Canicule, avec un i.

– En tout cas, c'est pas drôle. Ça va durer encore longtemps ?

– On n'en sait rien, ma *Luschtigà*. Il faut être patient…

– Je voudrais courir dehors !

– Tu sortiras ce soir, s'il fait un peu moins chaud.

– C'est pareil, le soir ! Il fait encore chaud !

– C'est vrai... Va donc me chercher un autre verre d'eau. Et prends-en un pour toi aussi.

– Pendant ce temps, le bungalow qu'Yvonne a loué au bord de l'Adriatique est inondé. Elle a dû se réfugier dans un hôtel. « C'est vraiment mal fait, dit Margot. Elle devrait nous en envoyer un peu, de la pluie, puisqu'elle en a trop ! »

Et puis, septembre arrive, et la rentrée. Margot oublie bien vite la canucule, mais pas Mémé qui va devoir donner des sous en plus pour mettre dans l'un pot. Encore un mot bête, songe l'enfant. Pourquoi on ne dit pas le pot, tout simplement ? Ah oui ! raisonne-t-elle, c'est sûrement parce qu'il y en a plusieurs, des pots. Tous les sous ne rentreraient pas dans un seul. Alors, on dit un, et puis après, on dit deux, et comme ça, jusqu'à ce que tous les sous soient bien à l'abri. À l'abri de la canucule, et puis après, à l'abri du vent et de la pluie, et puis après encore, en hiver, à l'abri du froid et de la neige. Oh ! pourvu qu'il y en ait beaucoup, de la neige, cet hiver !

Le nouveau Foinfoin

Malgré les efforts conjugués de Madame Ortifaniste et de Mémé, le redoublement n'a pas eu les effets escomptés. Comme on ne pouvait tout de même pas la faire tripler, elle est passée en CE1. C'est plus difficile, mais pas tellement pire qu'avant.

Cette année-là, elle n'a pas grand-chose à ranger dans le tiroir bleu de sa tête. « Pas grave, se dit-elle, des images, j'en ai déjà plein. » Elle en sort parfois quelques-unes, juste pour le plaisir de les regarder. Il y a Maman, et puis Papa. Quand ils deviennent un peu flous, elle va chercher le gros album et elle regarde les photos. Ils sont beaux, tous les deux. Vraiment très beaux. Sa préférée, c'est celle du bikini rouge, et Papa en maillot bleu, qui a posé sa main sur le cou de Maman. Il y avait sûrement beaucoup de soleil, parce qu'ils sont obligés de plisser très fort les yeux. Ou alors, c'est parce qu'ils rigolent. Ils rigolaient tout le temps, tous les deux. Elle n'est pas du tout triste, quand elle regarde cette photo, au contraire, c'est comme s'ils étaient là. Parfois même, ils lui parlent. C'est surtout quand elle a une question sur comment c'était avant. Parce que des fois, elle n'est pas tout à fait sûre de se souvenir entièrement. Elle peut demander à Mémé, mais elle ne sait pas toujours répondre, parce qu'elle n'était pas là tout le temps, alors elle leur demande à eux. Eux, ils se souviennent de tout, c'est bien pratique. Elle leur pose aussi des questions sur maintenant. Par exemple, pourquoi c'est si difficile de lire et d'écrire. Là, ils ne répondent jamais. Ils ne doivent pas savoir, ils n'avaient pas de problèmes, eux ! C'est sûrement pour ça qu'ils ne répondent pas. La Maîtresse non plus ne sait pas. À la fin de l'année, elle a juste poussé un gros soupir et elle a haussé les épaules en disant : « Surtout, n'arrêtez pas l'ortifanie. » Et comme ça ne sert à rien de redoubler tout le temps, on la laisse passer en CE2.

D'abord, il y a les longues vacances. Chic ! Elle va enfin pouvoir s'amuser et dessiner autant qu'elle veut. Il y aura des devoirs, mais pas trop, seulement un peu tous les matins, pas du tout comme à l'école où on doit rester assise toute la journée sans avoir le droit de parler, sans avoir le droit de se lever. À l'école, on ne peut rien faire comme on a envie. C'est idiot, l'école. Et surtout, c'est très, très ennuyeux.

Ce matin-là, elle cherche Foinfoin. Elle ne la trouve nulle part. D'habitude, la lapine va dans sa cage pour dormir ; aujourd'hui, elle n'y est pas. Mémé cherche aussi et finit par la trouver sous le canapé du salon, déjà raide et froide. « Elle était très vieille, tu sais. C'est même étonnant qu'elle ait vécu aussi longtemps. »

Comme si ça pouvait être une consolation ! Hier encore, elle courait partout en remuant son nez, et elle mendiait des bonnes choses à manger, elle allait très bien, pas malade du tout. Margot pleure. Elle qui ne pleure presque jamais ne peut plus s'arrêter. De grosses larmes, avec de gros sanglots. Une idée lui vient qui pourtant ne la distrait pas de son chagrin : « C'est drôle, pour Papa et Maman, je n'ai pas pleuré... »

Le lendemain, Mémé l'emmène dans un élevage à Sélestat. Elles prennent la toute nouvelle autoroute que le Président vient d'inaugurer. Elle est pleine de rayures et ça fait beaucoup de bruit quand on roule dessus, mais Monsieur « Destin » - quel drôle de nom, se dit Margot - a décrété qu'elle était parfaite, une vraie « tecnalogie » d'avant-garde, alors même si ce n'est pas tout à fait vrai, tout le monde dit pareil. On est surtout content parce qu'on en a enfin une, d'autoroute, alors c'est forcément mieux qu'avant.

Pour choisir le nouveau Foinfoin, ce n'est pas difficile, il n'y en a qu'un seul tout pareil, sauf que c'est un garçon. Elle aurait préféré une fille, tant pis, elle n'a pas le choix.

Foinfoin 2 se sent tout de suite chez lui dans la maison. Il visite toutes les pièces, monte sur les lits, renifle partout, on dirait un petit chien. Dès le premier jour, il va faire ses besoins dans sa caisse. Il se laisse caresser et prendre dans les bras. Il ne grignote pas du tout les fils électriques, comme Foinfoin 1 faisait quand elle était petite, et ça, c'est chouette, pas besoin de le gronder ! Bientôt, quand on est à table, il monte sur ses genoux. Le soir, elle lui raconte des histoires qu'il écoute comme font tous les enfants. Après une dernière caresse et un bisou, il s'endort, bienheureux dans sa cage dont la porte reste toujours ouverte.

Margot est bien vite consolée. Heureusement qu'il est là, Foinfoin. Lui au moins, il comprend quand sa petite maîtresse lui raconte l'école, et le CE2 c'est pire que tout ; elle ne sait toujours pas bien lire, écrire encore moins. Foinfoin a l'air de lui dire : « T'en fais pas ! Regarde, moi, je ne sais pas lire, et écrire non plus. Est-ce que ça m'empêche de vivre ? » Non, ça ne l'empêche pas. Mais Foinfoin, c'est un lapin, il n'a pas un cahier rouge à faire signer chaque mois, qui fait que Mémé secoue la tête et s'arrache les cheveux.

« C'est pas trop grave, se console Margot : elle en a plein, des cheveux, et épais, et bouclés. Pas besoin de permanente comme Yvonne. Alors, elle peut s'en arracher encore quelques-uns, ils ne lui manqueront pas. » Elle a vraiment de très, très beaux cheveux, que Margot s'amuse à coiffer, le soir devant la télévision. Elle lui fait des coiffures compliquées, mais sur sa tête à elle, c'est facile, pas besoin de crêpage, ni de laque. On les met comme on veut, ils restent comme on leur dit, ils ne bougent pas. C'est des cheveux bien élevés, très sages et très obéissants. « Ils sont comme toi, dit Mémé ravie en se regardant dans la glace, toi aussi, tu es bien élevée et obéissante. »

Obéissante, oui... enfin, presque. Parce que parfois, c'est vrai, elle désobéit. Pas souvent, seulement des fois. L'autre jour, elle est allée se promener au lieu d'aller à l'école. Là, ça a grondé fort. La Maîtresse, la Directrice, et Mémé aussi. Résultat, privée de bicyclette pendant un mois.

Tout le monde a eu très peur, parce qu'on ne savait pas où elle était. Elle ne s'est pas rendu compte, elle était si bien dans le petit square. Elle est revenue à la maison à l'heure du déjeuner, et là, oh là là ! Elle a compris, et elle a promis : « Je le ferai plus. Plus jamais. » Non, elle ne le fera plus.

Faire peur à la maîtresse, ça lui est égal, mais à Mémé, ce n'est pas bien, c'est même très laid. Ce jour-là, elles qui ne pleurent jamais ont pleuré toutes les deux. Après, Mémé a dit : « On oublie, n'est-ce pas ? »

Margot n'oubliera pas, mais ce souvenir-là, elle ne le rangera pas dans le tiroir. Parce que dans le tiroir, il n'y a que des choses jolies.

Coup de crayon

À dix ans, elle dessine de plus en plus et de mieux en mieux. « Un fameux coup de crayon », dit Mémé à chaque nouveau dessin. « Un sens des proportions très sûr », écrit le Maître - un tout jeune, tout gentil - dans le bulletin.

Si elle est tellement douée, pourquoi on l'embête avec tout le reste qui ne sert à rien ? Rien à faire, Mémé ne la lâche pas, tous les soirs les devoirs, et au CM1, il y en a de plus en plus. Des choses à lire, aussi. Elle n'aime pas, parce qu'elle ne reconnaît toujours pas les mots. Alors ça prend un temps fou, et à la fin, elle ne sait pas du tout ce qu'elle a lu. Des livres, il y en a plein sa chambre, pourtant. Ceux-là, elle les aime bien, parce qu'il y a des images. Des choses écrites aussi, un peu, qui elles ne servent à rien du tout, les images suffisent pour comprendre l'histoire. Et quand elles ne suffisent pas tout à fait, Mémé est toujours là pour expliquer. Elle explique très bien, beaucoup mieux en tout cas que Madame Ortifaniste qui lui fait faire des exercices idiots, devant lesquels elle ne rechigne pourtant pas. Elle ne fait jamais la tête, même pas pour les devoirs ; c'est jamais rien qu'un mauvais moment à passer. Et pas si mauvais que ça, au fond, puisque Mémé reste là tout le temps pour aider. Et puis après, elle retourne jouer. Avec Foinfoin dans le jardin, à bicyclette dans la rue, ou avec Mémé qui ne refuse jamais une partie de dames, même si c'est toujours Margot qui gagne - parfois, elle se dit que Mémé fait exprès, mais ce n'est pas sûr, pas sûr du tout, c'est juste qu'elle ne fait pas toujours assez attention quand elle déplace ses pions. Et quand elle a assez joué, grimpé aux arbres, couru et sauté partout, elle retourne à ses dessins.

Maintenant, elle a de vraies couleurs en tube, une grande boîte de gouache, et des pastels aussi. Elle a essayé l'aquarelle, mais elle n'aime pas trop, c'est tout flou, on ne voit pas bien, ce n'est pas du vrai dessin, précis comme elle aime, avec des contours bien appuyés. Elle dessine Foinfoin, elle dessine les fleurs du jardin, et puis Mémé aussi. C'est facile, parce que c'est un très bon modèle, elle sait rester immobile longtemps, pas comme le lapin qui grignote et qui bouge tout le temps. Des portraits de Mémé, il y en a dans toutes les pièces, jusque dans les toilettes et la salle de bains. Elle se dessine aussi elle-même, en se mettant devant la glace. « Très, très réussis, tes autoportraits », dit le Maître admiratif, qui tient à voir tout ce que dessine et peint Margot. Il ne gronde même pas quand son cancre préféré crayonne sur son cahier de brouillon au lieu de faire l'exercice qui est au tableau.

Elle aimerait s'atteler aux chevaux, sauf que les chevaux, c'est beaucoup plus compliqué. Les yeux ne sont jamais à la bonne place. Alors, Mémé lui a acheté un livre où on peut apprendre à les dessiner. Il y a des croquis, des dessins, et aussi plein de texte, pour les explications. Et là, tout d'un coup, elle comprend à quoi sert de savoir lire.

Depuis, elle fait quelques progrès, elle comprend presque tout ce qu'elle lit. Pour l'écriture, on est encore loin du compte, même si on avance un peu. Si elle dit encore Madame Ortifaniste, c'est plutôt par affection. En revanche, elle ne dit plus « J'ai la dislaxie ». Elle dit très gravement « Je suis dyslexique ». Margot grandit…

Dans sa chambre, elle a enlevé les posters de petits chats et de petits chiens pour les remplacer par des photos de Lio, à cause de *Banana split*, qu'elle chante à tue-tête à longueur de journée.

- Tu ne connais rien d'autre ?

- Pourquoi ? Tu n'aimes pas ?

- *Doch* ! Mais pas tout le temps.

- Si ! Tout le temps ! Elle est tellement belle, Lio !

- C'est vrai qu'elle est mignonne. Une brunette, comme toi…

Sibyllin

Elle n'a pas du tout le niveau, mais comme on ne fait plus redoubler personne, elle est passée en CM2.

Elle n'est pas bête, loin de là, elle est même très vive à l'oral, ça, la maîtresse n'arrête pas de l'écrire dans le bulletin. C'est à l'écrit que ça ne va pas, mais alors là, pas du tout.

Madame Ortifaniste est optimiste, pourtant : « Elle fait des progrès, dit-elle. Elle lit presque couramment, maintenant. »

Oui, bon, c'est vrai, elle lit de mieux en mieux. Alors pourquoi écrit-elle toujours aussi mal ? Pourquoi ? Les règles de grammaire, elle les connaît, mais elle ne les applique pas. Quant à l'orthographe, mieux vaut oublier, elle n'en a aucune, et elle n'entend pas bien les sons, elle les confond tous. Dysgraphie, il paraît que c'est comme ça que ça s'appelle. Madame Ortifaniste dit qu'on ne va pas se laisser abattre par un mot ; quand la dyslexie sera jugulée, la dysgraphie ne sera plus qu'un vieux souvenir. Elle fait de louables efforts pour convaincre Margot, voix sonore, ton badin… qui ne trompent personne.

Alors, en attendant l'improbable victoire, elle lui fait faire des exercices avec des syllabes où un son change à chaque fois, et ça, c'est vraiment difficile, parce que tic et pic, c'est la même chose, tout comme Paul et bol, sol et col, car et gare… Et ses lettres sont d'une maladresse qui ne s'explique pas. Si elle dessine comme elle respire, son écriture ne ressemble à rien. Ça bloque quelque part, c'est sûr. Mais où ? Madame Ortifaniste a essayé de lui faire tracer les lettres au pinceau, comme si c'était de la calligraphie : résultat consternant. Dès qu'il s'agit de l'alphabet, sa main se crispe, c'est comme une paralysie : incapable de tracer le moindre signe cohérent. Alors, la thérapeute lui a fait reproduire des idéogrammes. Là, aucun problème, résultat parfait.

Margot a conclu la séance par une boutade désabusée d'une étonnante maturité : « Je n'ai plus qu'à apprendre le japonais… »

À la rentrée, elle ira au collège. Quand elle y pense, elle se dit qu'elle n'y arrivera jamais. Alors, mieux vaut ne pas y penser. De toute manière, ce n'est pas tout de suite. D'abord, les vacances.

Elle en en profite pour refaire sa chambre entièrement. Fini le rose et les petites fleurs. Elle veut du blanc, rien que du blanc. Ses dessins à elle, il y en a partout dans la maison, mais dans sa chambre, n'y a plus qu'un portrait désormais, un seul, qu'elle a encadré et accroché en face du lit. Elle le regarde chaque soir avant de s'endormir et lui, il lui sourit en retour, sibyllin.

– Quelle drôle d'idée ! s'est étonnée Mémé. Il te plaît donc tant que ça ?

– Il n'est pas vraiment beau, Monsieur « Mythe Errant », mais il a une bonne tête. Je suis sûre que s'il a une fille, ça doit être un très bon papa.

– Il n'a pas de fille, des fils seulement.

– Dommage... Moi, je le verrais bien avec une fille, une un peu comme moi.

L'arbre généalogique

Elle n'est toujours pas capable de faire seule ses devoirs. Mémé lui dit souvent : « Essaie, au moins ! »

Mais ce soir, elle ne le dit pas. Elle se contente d'une grimace accompagnée d'un gros soupir en lisant l'énoncé : *En vous servant du modèle, dressez votre arbre généalogique : vous-même, vos frères et sœurs, vos parents, vos grands-parents, et si possible, vos arrières grands-parents.*

Elle n'y a jamais pensé, aux grands-parents. Il y a Mémé, et c'est bien assez. Mais là, il y a le devoir. À rendre pour demain. Les autres dans la classe, ils l'ont fait tout de suite, leur arbre, avec presque tous les noms, et même les dates, pour certains. Quant à elle, elle n'a pas su. Heureusement, il y a Mémé ; elle, elle sait, forcément.

– C'est qui, mes grands-parents ?

– C'est un peu compliqué, ma *Luschtigà*. Enfin… tu es grande, maintenant. Je vais t'expliquer.

– Pourquoi, c'est compliqué ? Pour les autres, ça a l'air tout simple.

– Ton père…

– Ben oui, c'est qui ses parents ? Pourquoi je ne les connais pas ?

- Ton père était un enfant de la DDASS.

- C'est qui, cette Ladasse ?

- Ce n'est pas une personne, c'est une institution. D'ailleurs, en ce temps-là, ça s'appelait encore l'Assistance Publique.

- Qu'est-ce que c'est ? À quoi ça sert ?

- Ne m'interromps pas tout le temps, ma puce. C'est assez compliqué comme ça. Ton père n'avait pas de parents.

- Ce n'est pas possible, ça ! Tous les enfants ont des parents ! Même moi. Alors, tu vois !

- Bien sûr, ton papa a eu des parents. Seulement voilà, son père, on ne sait pas qui c'est. Et sa mère l'a abandonné à la naissance, pour qu'il puisse être adopté.

- On l'a adopté, alors ?

- Non. Il n'a pas eu de chance. C'était juste après la guerre. La plupart des gens ne voulaient pas du fils d'un Allemand.

- Pourquoi ?

- C'était comme ça, à l'époque. On n'était pas amis avec les Allemands, même si nous avions tous été allemands pendant quatre ans.

- Il était « alaman », le père de Papa ?

- Allemand, ma chérie. Pas alaman.

- Oui, bon, il était allemand ?

- On n'a jamais vraiment su. Toujours est-il que personne n'a voulu de lui. Aujourd'hui, ça paraît complètement absurde, un enfant est un enfant, il n'est pas responsable de ses parents, mais on peut comprendre la mentalité de l'époque. Ce n'était pas une belle période, la guerre, tu sais… *Naï, verglig kä nette Zitt* !

– Alors, c'était qui, sa famille ?

– Des familles d'accueil. Elles s'en sont assez bien occupées, mais aucune ne s'est jamais attachée à lui et aucune n'a jamais voulu l'adopter. Heureusement, il était bon élève, alors il a obtenu une bourse et il a pu continuer ses études.

– Pas comme moi, hein… Alors, on ne sait vraiment pas du tout qui c'était, ses parents ?

– Non, et on ne saura jamais.

– Et son nom ? D'où il lui est venu, son nom ?

– Tout le monde doit en avoir un, c'est normal. Le plus souvent, l'Assistance choisissait quelque chose de tout à fait banal. Lui, ça a été Michel, parce qu'il était né le jour de la Saint-Michel.

– Et Dupont.

– Oui, un nom tout ce qu'il y a de plus répandu…

– C'est pour ça, Margot la joie ?

– Non, voyons ! Le film n'est sorti qu'après sa mort. S'il l'avait vu, il ne t'aurait certainement pas appelée comme ça…

– Pourquoi ?

– Cette question ! Tu l'as vu, ce film, on l'a regardé ensemble, il n'est pas drôle du tout… D'ailleurs il ne disait pas Margot la joie, il disait *Margot Gioia*. Il aimait l'Italie, ton père, et il aimait l'italien. Il le parlait couramment.

– Oui, je me souviens de ça. Je me souviens très bien… Mais au collège, ils m'appellent tous Margot la joie. Pourtant, ils ne peuvent pas savoir que Papa... Je n'aime pas du tout qu'on m'appelle comme ça...

– Je sais bien, ma puce... C'est sans doute à cause de ton nom, et du film, et parce que tu es joyeuse tout le temps. Moi, je ne t'appelle pas comme ça, pour moi, tu es ma *Luschtigà* Margot. En alsacien, ce n'est pas du tout pareil. Et ça te va comme un gant.

– Ouais... Mais toi ?

– Moi ?

– Tu as eu un mari, forcément !

– Ça, c'est encore une autre histoire...

– Tu as dit que j'étais grande, maintenant.

– Oui...

– Alors ?

– Ton grand-père, je l'ai beaucoup aimé, tu sais.

– Alors, pourquoi je ne l'ai pas connu ?

– Il était marié. On s'est rencontré et on s'est aimé. Et puis ta maman est arrivée. Il n'a pas pu la reconnaître. J'ai été une fille-mère, c'est comme ça qu'on disait alors, et ce n'était pas bien vu du tout. Ça n'a pas été facile tous les jours, tu sais. Je l'ai élevée toute seule, mon Yolande. Mes parents m'avaient mise à la porte : « Pas de fille-mère chez nous ! »

– Yolande...

– C'est vrai qu'on ne l'appelait jamais par son prénom...

– Papa disait « ma chérie ». Et toi aussi.

– Elle était notre chérie à tous les deux, c'est pour ça.

– Aujourd'hui, tout le monde s'en fiche, des filles-mères, hein ?

– À l'époque, c'était bien différent. Heureusement, les temps ont changé.

– Il ne t'a pas aidée, mon grand-père ?

– Quand j'ai été enceinte, nous avons décidé de ne plus nous voir.

– Vous avez décidé ça ensemble ? Ce n'est pas plutôt lui tout seul ?

– Quelle importance…

– Ce n'était pas quelqu'un de bien.

– Il ne faut pas dire ça. Il n'a pas eu le choix.

– Tu parles !

– Non. Il n'avait vraiment pas le choix. S'il avait reconnu ta mère, il aurait fallu qu'il divorce, et ça, il n'en était pas question, moi non plus, je n'aurais pas voulu. Sa femme et ses enfants ne méritaient pas ça.

– Toi non plus ! Il aurait au moins pu te donner des sous.

– Il n'en avait pas plus que moi.

– C'est moche tout de même.

– Tu trouves ? Moi, ça m'avait paru tout naturel. Je ne lui en ai jamais voulu.

– Parce que tu as toujours été une vraie gentille.

– Peut-être bien…

– Et tu ne t'es jamais mariée ?

– Les filles-mères n'étaient pas une denrée très prisée en ce temps-là.

– Comment tu t'es débrouillée, alors ?

– Comme j'ai pu. Heureusement, je savais coudre, et bien. J'ai trouvé du travail chez un maître tailleur. J'y suis restée le temps d'apprendre toutes les ficelles du métier. Et puis, j'ai décidé de me mettre à mon compte. Ça marchait du tonnerre, des commandes à ne plus savoir qu'en faire. Il ne me fallait pas grand-chose pour vivre, j'ai économisé et j'ai pu acheter la maison ; le crédit n'était vraiment pas cher dans les années cinquante. Je me suis installée au rez-de-chaussée et j'ai loué l'étage. On peut dire que ce sont mes locataires qui ont payé la maison. Et plus tard, j'ai aménagé le petit appartement sous le toit. Ton père est venu y habiter.

- C'est comme ça qu'ils se sont connus ?

- Oui. Tout de suite, ils sont tombés amoureux. Et j'ai été bien conseillée aussi. Le mari d'une de mes clientes : grâce à lui, j'ai fait de bons placements. Heureusement, parce qu'aujourd'hui, avec le prêt à porter de moins en moins cher, il ne me reste que les retouches. Mais tu vois, on ne manque de rien.

- Parce que tu sais y faire !

- C'est vrai, j'ai toujours été douée avec l'argent.

- Et… les parents de Michel ?

- Comment ça ?

- Michel 2 ! Ses parents, qu'est-ce que tu sais d'eux ?

- Pas grand-chose. Je ne les ai jamais rencontrés. Et j'imagine qu'il n'a pas eu le temps de leur présenter ta mère. Ou alors, ils n'ont pas voulu. Un grand patron avec sa secrétaire, dans ce milieu-là, c'est une mésalliance.

- Une quoi ?

- Quand un homme et une femme veulent se marier avec quelqu'un qui n'est pas du même monde. Michel était un grand bourgeois et ta mère… rien du tout.

- Rien du tout ? Elle était ma mère ! Et il l'aimait, non ?

– Pour ces gens-là, ça ne suffit pas… Et de toute façon, ce ne sont pas tes grands-parents.

– Alors, mon arbre généalogique ?

– Tu mets des points d'interrogation. Sauf pour tes parents et les miens.

– Elle va râler, ma prof.

– Mais non, tu lui expliqueras. Et si ça ne suffit pas, j'irai la voir.

Et en effet, il a fallu que Mémé se déplace. La prof n'y a pas cru, à cette histoire :

– Mademoiselle Dupont ! Vous vous fichez de moi ?

– Mais non, Madame, je vous assure !

– Un grand-parent inconnu, encore, je veux bien l'admettre, mais trois ! Il faudrait vraiment jouer de malchance. Vous n'avez tout simplement pas fait votre travail.

– J'ai mis deux arrière-grands-parents…

– Taisez-vous ! Vous avez zéro.

Après la visite de Mémé, la prof a été toute gênée :

– J'ai été injuste, Margot. J'espère que vous voudrez bien me comprendre, l'histoire de votre famille est tellement improbable… Allez, ma pauvre enfant. Votre devoir ne sera pas noté.

Pauvre enfant ! N'importe quoi ! Elle est vraiment stupide, cette prof ! Du coup, vexée, blessée, elle ne fait plus aucun effort en français. Pendant les cours, elle dessine. Et Dame Dislaxie s'en donne à cœur joie.

La mannequine

Un mètre soixante-seize en cinquième, la plus grande de sa classe. Même avec un an de retard, c'est grand ! Et elle a de la poitrine, aussi. Et une taille qui s'amincit de jour en jour. Elle est jolie. Elle ne le sait pas, mais elle est très jolie, et même mieux que ça. Les copines l'ont surnommée la mannequine. Les garçons de son âge sont tout petits, ils ne la regardent pas. En revanche, les troisièmes ne se privent pas de la lorgner à la récré. Les plus délurés, et surtout ceux qui ont déjà grandi et mué lui proposent même des rendez-vous derrière la chapelle après les cours. Elle les toise de toute sa hauteur et ne répond pas.

« Elle fait la fière ? Elle ne perd rien pour attendre ! » ricanent-ils dans son dos, vexés.

Si elle donne l'impression de les toiser, ce n'est pas par mépris, c'est juste que même s'ils sont grands, elle est toujours plus grande qu'eux. Mais c'est vrai que leurs rendez-vous, elle les refuse. Elle n'est pas comme ça, pas comme les autres gamines, en tout cas, qui pour se donner des airs et faire croire qu'elles sont affranchies, sont prêtes à embrasser le premier garçon qui passe. Elle sait très bien ce qu'elle veut : elle embrassera celui dont elle sera amoureuse, pas un autre, et pas avant, parce que si on n'est pas amoureuse, embrasser, c'est tout simplement dégoûtant. Surtout maintenant, avec cette nouvelle maladie. Il y a déjà plein de gens qui sont morts. Surtout des garçons, ce qui ne veut pas dire que les filles sont à l'abri. Il faut se méfier. Les chercheurs viennent de découvrir le virus, pas le médicament. Elle a vu la photo de ce jeune homme dans une cage en verre, tout couvert de taches bleues. Dans l'article, même les médecins et les infirmières avouaient avoir peur de l'approcher. Cette image la hante... Le Sida, c'est pire que la peste : quand on l'attrape, il n'y a rien à faire, on meurt et puis c'est tout.

Elle aimerait bien être amoureuse, pourtant. À treize ans, ce serait normal. Elle les regarde, les garçons, pas ceux du collège, ceux du lycée d'en face. Ceux-là, elle les regarde bien ; pas un seul ne lui plaît. Certains sont plutôt mignons, mais ça ne lui fait rien. Et puis, ils sont tellement bêtes ! Elle les entend qui parlent entre eux dans le bus qu'elle prend tous les jours. Ils disent n'importe quoi, et surtout, ils parlent mal, ils sont vulgaires, pas une seule phrase sans un gros mot. Margot parle bien, elle n'emploie jamais de mots grossiers, Mémé ne tolèrerait pas. Ce qu'elle sait dire de pire, c'est « N'importe quoi ! » ou « Va te faire voir », et « Miel alors ! » au lieu de M... parce que M... elle ne peut pas le dire, ça ne sort tout simplement pas.

L'autre soir, elle est descendue du bus et elle s'est mise à marcher vers la maison. Un monsieur l'a accostée. Un monsieur, pas un garçon. Elle ne s'est pas effrayée. Elle devrait sans doute se méfier, mais elle n'y peut rien, elle est comme ça depuis toujours, rien ne l'effraie jamais. Il lui a tendu une carte de visite :

- Je suis photographe et vous êtes très belle, Mademoiselle. Si vous acceptiez d'être mon modèle, j'en serais ravi. Prenez le temps de réfléchir, je ne suis pas pressé. Vous seriez payée, bien évidemment.

- Monsieur, je ne vous connais pas...

- Nous aurons tout le temps de faire connaissance, pour peu que vous le désiriez.

Déjà, il avait disparu au coin de la rue.

Pendant les derniers mètres qui la séparaient de la maison, elle a réfléchi. Ce qui la chipote, ce n'est pas le sourire du type, non, bizarrement, c'est sa courtoisie affectée, et surtout cette expression : « Je ne suis pas pressé. » Comme un chasseur à l'affut, sûr de ne pas rater sa proie. Arrivée à la maison, elle en a parlé à Mémé, qui n'a pas même daigné jeter un coup d'œil à la carte de visite que lui tendait l'adolescente : « On n'accoste pas les jeunes filles comme ça, et surtout pas pour des photos. S'il revient, tu poursuis ton chemin, tu ne lui parles pas. Et s'il insiste, tu entres dans le premier magasin et tu demandes à appeler le 17. »

Trois jours plus tard, le type est de nouveau là, qui l'attend. Elle fait comme lui a dit Mémé, elle poursuit son chemin sans lui répondre, en regardant droit devant elle. Il n'insiste pas.

Il ne revient pas.

Elle dessine le type avec des dents de vampire. Pour le reste, il est tout à fait ressemblant. Si un jour on avait besoin d'un portrait-robot, il suffirait de gommer les dents.

Rien que des bêtises

Elle a encore grandi. Un mètre quatre-vingt, pour une fille, c'est déjà beaucoup, déjà trop, alors si ça continue... C'est d'autant plus étrange que Papa et Maman étaient plutôt petits et que Mémé plafonne à un mètre cinquante-huit, et encore, en se tenant bien droite et en allongeant la nuque. Maintenant, Margot se baisse pour lui faire la bise.

– Le père de Maman était grand ?

– Non, pas vraiment. Un mètre soixante-quinze, tout au plus.

– Alors, ça doit être mes autres grands-parents...

– Peut-être bien.

– C'est tout de même embêtant, de ne pas savoir.

– On n'y peut rien.

– Je ne pourrai jamais porter de talons hauts.

– S'il n'y a que ça qui te chagrine, ce n'est pas bien grave.

– Si, pour une fille, c'est grave.

– Ça, ça s'appelle l'adolescence !

– Et ce n'est pas rigolo. Avoir ses règles tous les mois, ce n'est déjà pas drôle, alors si en plus on ne peut même pas porter de talons, ça ne va plus du tout.

– Tu préférerais être un garçon ?

– Ah non, alors !

- Tu vois bien.

- Ce que j'aimerais, ce serait être encore petite.

- C'est impossible, malheureusement.

- L'enfance, c'est bien, on ne se pose pas toutes ces questions.

- Quelles questions, ma chérie ?

- Par exemple... Michel et ma mère.

- Eh bien quoi ?

- Est-ce qu'ils étaient déjà ensemble avant ?

- Avant quoi ?

- Ne fais donc pas semblant de ne pas comprendre !

- Qu'est-ce qui a bien pu te mettre en tête une idée pareille ?

- Michel était très grand et très brun. Exactement comme moi.

- Il n'était pas ton père !

- Tu es sûre ?

- Certaine. Ils m'ont raconté leur histoire, tous les deux. Il était amoureux de ta mère depuis le début, depuis le jour où il l'avait embauchée. Mais elle était mariée, et lui, catholique pratiquant et très à cheval sur les principes. Jamais il ne lui a même montré qu'elle l'attirait, pas un mot, pas un geste en dix ans. C'est seulement quand ton père est mort qu'il s'est dit qu'il avait peut-être ses chances. Ça n'a pas été facile, ta mère était trop malheureuse pour rien voir, rien comprendre. Alors il s'est armé de patience en se disant que son heure finirait forcément par arriver ; à trente ans, une femme ne passe pas le reste de sa vie à pleurer.

- Dix mois... Il n'a pas eu à attendre bien longtemps.

– Dix mois, plus dix ans. Si ce n'est pas de la patience, ça !

– C'est tout de même curieux qu'en toutes ces années, il n'ait pas rencontré quelqu'un d'autre.

– C'est qu'il était vraiment très amoureux. C'était ta mère ou personne. Il y a des hommes comme ça, figure-toi, fidèles à leur premier grand amour, quoi qu'il advienne et jusqu'à leur dernier souffle.

– Bref, c'était un idiot.

– On peut voir les choses comme ça. On peut se dire aussi que c'était un homme vraiment bien.

– Ouais… En tout cas, moi je n'aurai jamais la patience d'attendre quelqu'un s'il n'est pas libre. Je ne tiens pas à me gâcher l'existence pour un amour impossible.

– Le leur ne l'a pas été.

– Bien sûr que si. La preuve, *amors* tous les deux.

– Ça n'a rien à voir.

– Va savoir... J'ai réfléchi, tu sais.

– Tiens donc ! Et on peut connaître le fruit de tes cogitations ?

– À mon avis, Maman s'est rendu compte que Michel était un type gentil, extrêmement attentionné… et parfaitement ennuyeux. Alors, elle a voulu le quitter. Et lui, il l'a emmenée faire un tour en bateau.

– *Dü besch ganz gschettelt, Maïdel* !

– Ah oui, je suis timbrée ? Pas une vague, ce jour-là, et lui, champion de voile. Il a chaviré exprès. Il l'a tuée et il s'est suicidé.

– Tais-toi ! Ils étaient très amoureux, très heureux, vous alliez emménager chez lui toutes les deux en septembre.

– C'est ce qui était prévu, oui. Mais au dernier moment, je suis sûre que Maman a vu l'éternité d'ennui qui l'attendait. Alors, elle a dit non. La veille de leur disparition, ils se sont disputés. Tu les as entendus comme moi.

– Une petite dispute de rien du tout. Ça arrive, dans un couple.

– Au point de pleurer ? Parce qu'il pleurait, Michel.

– Comme si tu pouvais t'en souvenir !

– Je m'en souviens très bien. Et toi aussi, tu t'en souviens. Forcément !

– Tu vas te sortir ça de la tête tout de suite ! Un bon catholique ne tue pas, il ne se suicide pas et surtout, il ne prive pas une enfant de sa mère.

– Pour être catholique on n'en est pas moins homme…

– Allons bon ! Molière, maintenant !

– … et les hommes peuvent devenir fous d'amour. Surtout quand le grand amour de leur vie menace de leur échapper.

– Au cinéma et dans les romans. Pas dans la vraie vie !

– Tiens donc !

– Tu vas te rendre malade, si tu penses des choses pareilles. Et encore plus malade si tu y crois.

– Penses-tu ! Je n'en veux pas du tout à Michel. S'il a tué ma mère, c'est qu'il n'a pas pu faire autrement.

– Voilà que tu raisonnes comme il le faisait. Tu tiens vraiment à devenir aussi ennuyeuse que lui ?

– Tu vois bien, je lui ressemble.

- Tu ne lui ressembles absolument pas, mais tu fais tout pour. Nuance !

- Bon, on arrête. On ne va pas se fâcher pour des bêtises, non ?

- *Dummheïta* ! Oui, voilà ce que c'est.

- Je n'en parlerai plus. Promis.

- Et tu n'y penseras plus non plus, n'est-ce pas ?

- J'essaierai…

Biologie

Elle n'en parle plus. Pourtant, elle continue à y penser. Parce qu'elle veut savoir. Confusément, elle sait qu'elle a raison, mais comment être sûre ? Son père et Michel disparus, il n'y a même pas la solution de la prise de sang.

La prise de sang… c'est peut-être tout de même une idée, ça. Dans le tiroir du bas du grand bureau il y a un vieux classeur beige tout écorné que Mémé conserve, qui sait pourquoi. Qui sait ce qu'il contient… des papiers, forcément, il suffit d'y aller voir. Ça ne donnera probablement rien, mais on peut toujours essayer, et c'est le bon moment : comme tous les mardis, Mémé est partie pour la journée chez Yvonne, et Margot n'a cours qu'à quinze heures - un prof malade et deux autres en formation. Il faut en profiter.

Dans le classeur, il y a un peu de tout, pas grand-chose d'intéressant, des feuilles d'impôt, des vieilles factures, les bulletins de Maman - plutôt médiocres - quelques cartes postales. Il faudrait jeter tout ça. Pas une seule lettre. Peut-être les parents ne s'écrivaient-ils pas ? C'est bien possible… toujours ensemble, depuis le premier jour.

Au toucher, le dos du classeur semble plus épais. Une feuille cartonnée a été collée, qui forme comme une pochette dont le haut a été laissé ouvert. Margot, à l'aide d'une règle plate, en retire un carnet. C'est un livret de famille. Elle l'ouvre et y trouve un papier plié. C'est le compte-rendu de la visite prénuptiale de ses parents. Il y a leur groupe : A, tous les deux. C'est peut-être une piste ? Elle a lu quelque chose dans *Prima* qu'il lui arrive de feuilleter parfois. Elle retrouve le magazine, Mémé les conserve tous, bien classés par dates. Voilà, l'article est là : Deux A ne peuvent pas avoir un enfant AB. C'est impossible. Or, elle est AB. Elle a la réponse qu'elle cherchait. Elle ne pourra jamais savoir si Michel 2 est son père, mais ce qui est sûr et certain, c'est que Michel 1 ne l'est pas.

Quand Mémé revient, elle trouve Margot à la cuisine, assise très droite sur sa chaise. Sur la table, devant elle, un papier déplié.

- Regarde ça.
- Qu'est-ce que c'est ?
- Regarde, je te dis.
- *Ja, und* ? Et alors ?
- C'est clair, il me semble.

Pour Mémé, ce n'est pas clair du tout. Ses cours de bio, si toutefois elle y a eu droit pendant sa courte scolarité, sont depuis longtemps oubliés. Il faut lui expliquer. Elle n'y croit pas. Ne veut pas y croire. Alors, Margot va chercher le magazine. Là, il faut se rendre à l'évidence ; si l'un des deux Michel est son père, ce n'est pas celui qu'on croyait.

- Ils se sont bien fichus de nous, dit Mémé.
- Maman, oui. Eux, pas forcément.
- Qu'est-ce qui te fait dire ça ?

– Michel 2 a sans doute menti en disant qu'il n'y avait rien eu entre eux avant... enfin avant, quoi... Mais s'il avait su qu'il était mon père, il n'aurait pas attendu, il aurait cherché à me connaître. À mon avis, Maman ne lui a jamais rien dit, même après. Et elle n'a jamais rien dit à Papa non plus, évidemment.

– C'est possible...

– C'est certain. Papa a dû se dire que mes cheveux noirs venaient de ses parents inconnus, ou alors du père de Maman...

– Et les groupes sanguins ?

– Le mien, je ne le connais que depuis un mois, tu sais bien, c'est quand j'ai voulu faire un don. Ils m'ont dit que j'étais encore trop jeune, mais ils m'ont quand même fait une prise de sang, pour que j'aie la carte sur moi, en cas d'accident.

– *Ja, ja... àwer...*

– Mais quoi ?

– Ça te fait quoi, maintenant, de savoir tout ça ?

– Pas grand-chose... À vrai dire, rien du tout. Ça ne change rien, Papa reste mon père. Michel 2, c'est seulement l'amant de ma mère. Une drôle de relation... Ils ne pouvaient se voir qu'au travail, elle rentrait toujours pile à l'heure, et les week-ends et les vacances, on les passait toujours ensemble, tous les trois.

– Tu ne peux pas te souvenir.

– Je me souviens de tout.

– Il y a tout de même une chose qui m'a un peu étonnée...

– Quoi donc ?

– C'est quand ta mère m'a dit qu'elle travaillait parfois le samedi, et qu'en semaine elle te laissait seule à midi parce qu'elle n'avait plus qu'une heure pour déjeuner, alors qu'elle en avait toujours eu deux.

– C'était peut-être un mensonge. Quelle importance ? C'était après…

– Tout de même, tu n'avais que quatre ans.

– Et demi ! Et je me débrouillais très bien sans elle.

– C'est vrai que tu as toujours été délurée… Tu sais qu'ils parlaient de se marier ? Et Michel t'aurait adoptée dans la foulée.

– Non, je ne savais pas. Mais c'est bien mieux comme ça. Je préfère garder mon père à moi, même s'il ne l'était pas. Au moins, avec lui, on rigolait ! Tu m'imagines, en fille de Michel 2 ?

– *Wàrum net* ? Pourquoi pas ?

– Sérieux et pontifiant comme il l'était, ça n'aurait pas pu coller, lui et moi.

– Il était tellement gentil...

– Gentil, honnête, amoureux de ma mère, et riche, ce qui ne gâtait rien… oui, il était tout ça. Un homme bien sous tous rapports, comme on dit. Je n'étais pas malheureuse du tout quand il était là, seulement voilà, je ne m'amusais pas.

Signor Venezia

À présent qu'elle sait, tout est en ordre dans sa tête, chacun à sa place : un père, une mère et son amant, et elle, fille de son père, même si ce n'est pas le vrai, elle s'en fiche, c'est lui et pas un autre, celui qui l'a aimée, qui l'a fait rire, elle n'était encore presque qu'un bébé pourtant elle se souvient, oh oui, elle se souvient de tout.

Sauf de l'été où il n'a plus été là. Cet été-là, il n'y a rien à faire, elle l'a perdu. Elle pourrait demander à Mémé, oui, elle pourrait. Elle ne veut pas. Ce trou noir aussi lui appartient. Les souvenirs des autres ne sont pas les siens, elle n'en veut pas.

Mais Mémé a le nez creux, et puis elle connaît sa petite fille comme si elle l'avait faite, elle sent bien que quelque chose turlupine la gamine. Alors, ce matin, pendant le petit déjeuner :

– Il faut que je te dise une chose, ma *Luschtigà*.

– Quoi donc ?

– L'été où ton père est mort.

– Je ne veux pas savoir.

– *Doch* ! Maintenant que tu connais tout le reste, il faut que tu saches ça aussi. Cet été-là, tu l'as passé ici, avec moi.

– Et Maman ?

– En cure de repos.

– Dépression ?

– Elle avait voulu mourir.

– Ce n'est pas vrai !

– *Doch*, c'est vrai.

– Elle a pris des somnifères ?

– *Naï.* Elle a essayé de se pendre, et la corde a lâché.

– Se pendre ? Comment ça ?

– À l'accroche du lustre du salon. C'est toi qui l'as trouvée. Elle n'avait presque rien, seulement étourdie, et une blessure dans le dos. Le coin de la table, sans doute.

– C'était ça, sa cicatrice ?

– *Ja*.

– Pourquoi me racontes-tu ça ?

– Parce que tôt ou tard, tu m'aurais posé des questions.

– Non, jamais. Je ne voulais pas.

– C'est bien la preuve que tu savais…

– Et j'étais comment, à ce moment-là ?

– Joyeuse, pleine de vie, comme toujours.

– Je ne demandais pas à voir ma mère ?

– On jouait ensemble, ça suffisait à ton bonheur.

– Et je ne parlais pas de mon père ?

– Ni de ta mère, ni de ton père.

– J'étais bizarre, non ?

– Tu étais une enfant heureuse. Tu as toujours été une enfant heureuse. Tu es une bonne nature, ma *Luschtigà*.

– Arrête de m'appeler comme ça !

– Tiens donc ! Et pourquoi ?

– Je te l'ai dit mille fois ! Margot Dupont la joie : tu en connais beaucoup qui voudraient qu'on les appelle comme ça ? C'est toi-même qui l'as dit : « pas drôle du tout, le film. » Même en alsacien, je n'en veux plus, de ce nom-là.

– Comme tu voudras…

– Mais…

– Oui ?

– Pour Michel 2, tu ne savais vraiment rien ?

– Rien de rien. C'est vrai qu'un moment, j'ai eu des doutes. Quand ta mère a su qu'elle était enceinte, elle n'a pas eu l'air vraiment heureuse. Je me suis même demandé si entre elle et ton père, tout allait bien.

– Et ?

– Après le troisième mois de grossesse, elle est redevenue comme avant. Un peu inquiète, seulement. Mais inquiète, elle l'avait toujours été. Elle avait peur de l'accouchement. Rien d'étonnant, beaucoup de femmes craignent ce moment-là et il faut bien reconnaître qu'elles n'ont pas tort. Accoucher, ce n'est pas une partie de plaisir, et ça l'était bien moins encore quand tu es née, la péridurale n'était pas aussi répandue qu'aujourd'hui. De toute manière, Yolande l'aurait refusée, on parlait de cas de paralysie à cause d'aiguilles mal plantées. Même si ce n'était que des rumeurs, ta mère n'aurait pas pris le risque, tu penses bien.

– Et alors ?

– Elle en a bavé. Trente-six heures pour te mettre au monde. Il faut dire que tu pesais presque quatre kilos, un gros bébé. Dire que maintenant, tu es plus mince qu'une tige…

- Elle a vraiment voulu mourir, tu crois ?
- On se pend rarement dans l'idée de se rater.
- Ça veut dire qu'elle aimait Papa, alors.
- Evidemment, elle l'aimait.
- Et elle aimait l'autre aussi.
- On peut aimer deux hommes en même temps.
- Non !
- Oh que si, ma puce.
- Moi, je n'aimerai jamais deux hommes en même temps. Déjà un, ce sera difficile, alors deux, tu penses !
- Tu aimeras qui tu aimeras, ma chérie. Je ne me fais pas de souci pour toi. Tu t'en sortiras toujours.
- Tu crois ?
- J'en suis sûre.

Pourquoi m'a-t-elle dit ça ? Je n'avais vraiment pas besoin de savoir… Au fond, peut-être bien qu'elle a raison, peut-être bien que je savais…

Elle essaie de revoir le salon, le lustre, oui, ça y est, les images reviennent, le plafond très haut et blanc, avec des moulures autour du lustre. C'était un grand lustre, très lourd, Papa l'appelait *Signor Venezia*, il en était très fier. Ils l'avaient acheté pendant leur voyage de noce. Tout en verre, plein de couleurs, avec des fruits, des fleurs, et un perroquet. Elle le revoit très bien. Qu'est-ce qu'il a bien pu devenir ? Vendu avec la maison, sans doute. Maman n'avait rien voulu conserver de sa vie d'avant. Le plafond, le lustre, oui, mais pas Maman pendue au crochet. Ni Maman couchée par terre.

Ça, non, elle ne le revoit pas. Alors, elle essaie d'imaginer la scène : la femme toute menue, décrochant le lustre qui pèse, qui pèse, ce n'est pas possible, elle n'a pas pu faire ça toute seule, même en admettant que le désespoir soit capable de décupler les forces, on a du mal à y croire. Elle le décroche pourtant. Elle le pose au sol, pousse la table, cherche l'escabeau, le place sous l'accroche. La corde, elle l'a trouvée à la cave. Elle fait un nœud coulant, y passe son cou, monte sur l'escabeau, noue l'extrémité au crochet, repousse l'escabeau du pied et tombe, pendue. Mais elle n'a pas bien attaché la corde, ou alors elle n'était pas assez solide.

Elle essaie de se voir elle, entrant dans le salon. Elle trouve sa mère sur le tapis, une corde autour du cou.

On l'emmène à l'hôpital. Qui l'emmène ?

L'enfant a sans doute crié, ce qui aura alerté les voisins... Elle cherche à revoir, à revivre la scène. Non. Elle ne se souvient vraiment pas.

Elle se souvient de bien des choses, pourtant, de détails parfaitement insignifiants, la couleur du petit arrosoir d'intérieur, par exemple, en plastique rouge vif. Le rideau de sa chambre, assorti au dessus de lit, des fleurs multicolores et des poussins jaunes. Sa petite robe rose, sa préférée, celle que Mémé avait cousue pour elle et qu'elle avait trouvée sous le sapin de Noël, enveloppée dans un papier violet avec des boules et des bougies. Souvenirs recomposés ? À cause des photos de l'album ? Non, non, des vrais. Et plus elle énumère, et plus elle en retrouve. Elle en a plein son tiroir étiqueté de bleu... Mais celui-là, non.

Celui-là ne revient pas. Normal, dans le tiroir, il n'y a que de belles images, des moments heureux.

Elle n'aurait pas dû me dire. Ça ne sert à rien. Et puis, c'est du passé, tout ça.

Alors, elle met la radio. C'est sa chanson préférée qui passe, *Marcia baila* des Rita Mitsouko. Et elle retourne à son dessin. Elle l'a commencé hier. C'est un portrait de sa mère à quinze ans, d'après une photo. Tout d'un coup, la musique s'interrompt : Une bataille rangée entre supporters vient de tourner à la catastrophe. Il y a des morts. Ça se passe à Bruxelles. « Le match aura lieu quand même », dit le journaliste. Elle cherche une autre station, le foot, c'est vraiment trop idiot. Si on arrêtait d'entasser des fous furieux dans les stades, ce genre de catastrophe n'arriverait pas. Elle déteste le foot, elle n'y comprend rien. Elle confond les équipes, les buts, et avec cette manie qu'ils ont de changer de côté à la mi-temps, on y comprend encore moins. Elle a renoncé depuis belle lurette à faire semblant de s'y intéresser. Quand Mémé et Yvonne - fans depuis toujours - s'installent devant la télé, mine gourmande et d'avance réjouie, elle s'enferme dans sa chambre, les oreilles garnies de boules de cire et la musique à fond pour ne pas entendre leurs cris de joie et leurs lamentations dépitées qui alternent pendant une heure et demie, et souvent plus, quand il y a prolongations ou tirs au but.

Ce n'est pas vrai qu'elle n'y comprend rien ; elle connaît parfaitement les règles - en classe, elle a droit à tous les sports co - mais elle refuse de les retenir, tellement ces cours-là sont ennuyeux. Elle ne comprend pas l'engouement de Mémé, en plus, il n'y a même pas de coupe du monde cette année. Elle a son chouchou, dont elle connaît par cœur le parcours : Platini. Oui, bon, il est mignon ; et puis après ? Pour Margot, il suffirait de réunir tout ce beau monde, joueurs et supporters, de leur donner à chacun un ballon rond et des chaussures à crampon avant de les renvoyer chez eux : plus de matchs, plus de morts dans les stades, et ouf, le monde entier enfin débarrassé de cette plaie, et elle surtout, qui pourrait passer des soirées tranquilles à peindre, sans avoir à se boucher les oreilles avec des boules *Quies* qui de toute façon ne servent à rien.

Heureusement, ce soir Mémé est partie voir le match chez Yvonne, elle ne rentrera que demain. Margot aura droit à la description détaillée de l'horreur, le décompte des morts, sans compter la relation fidèle du match, il faudra faire semblant d'écouter, d'avance elle est fatiguée, écœurée. Elle se console en songeant que pour le moment, elle a la paix, elle peut dessiner et peindre toute la nuit, si elle veut.

Ça prend bonne tournure, déjà. Il sera réussi, le portrait de Maman.

A3

L'année a été difficile, et elle s'est soldée par un échec. Elle avait un tout petit espoir de réussir malgré tout, et puis non. Mémé a dit : « Ce n'est pas bien grave, ma puce. »

Oui, mais maintenant, qu'est-ce qu'on fait ? Les séries C et D lui sont refusées, ça, on le sait depuis le bulletin du deuxième trimestre, trop mauvaise en math et en sciences. Comme c'est pire en français, ça devient carrément kafkaïen. D'autant plus qu'il faut s'inscrire avant les vacances d'été. Un BEP, c'est ce qu'on lui a conseillé à l'orientation. Et après, un bac pro au lycée des Arts Graphiques, à Illkirch. C'est encore tout nouveau, le bac pro, ça a le vent en poupe, mais ça ne lui dit rien, bien trop technique, tout ça.

C'est son prof de dessin qui lui souffle la solution : un bac A3. Il y a une section à Fustel de Coulanges. Etant donné les capacités artistiques bien réelles de Margot, son admission ne devrait pas poser trop de difficultés, même sans brevet des collèges. Il promet de soutenir sa candidature. Evidemment la vraie option arts plastiques, ce ne sera qu'à partir de la première, en attendant, il y aura toutes les autres matières, mais il sait que quand Margot veut quelque chose… Il ne lui cache pas que la seconde sera une année difficile. Ce n'est qu'après, qu'elle pourra compter sur les matières artistiques pour la rattraper.

Alors, elle dit oui, qu'elle fera tout son possible pour y arriver. Et ensuite, c'est décidé, elle ira à la fac, en Arts Pla. Sauf que ça, c'est seulement dans trois ans, et encore, si tout va bien. Sans bac, pas de fac… Alors c'est dit. Dût-elle en baver des ronds de chapeau, elle le décrochera !

Dès la rentrée, elle a su qu'elle se plairait au lycée. Elle aime tout ; le cadre est magnifique, juste à côté de la cathédrale, les profs sont sympas et les camarades aussi. Et surtout, elle a enfin cessé d'être une bête curieuse. Ou plutôt, elle n'est plus la seule : Catherine est aussi grande perche qu'elle, elle la bat même d'un centimètre. Elles sont toujours fourrées ensemble, ces deux-là. Côte à côte pendant les cours, bras dessus, bras dessous pendant les récrés, et ensemble encore le samedi soir, pour les sorties ciné.

Pendant les vacances, elles vont l'une chez l'autre, elles dessinent et elles peignent sans relâche, du matin au soir. Elles ne s'accordent que trois pauses, comme au lycée, les récrés du matin et de l'après-midi, et l'heure du déjeuner.

Elles ont seize ans, un an de retard toutes les deux. Adolescentes insouciantes et joyeuses, amies pour la vie. Catherine est aussi blonde que Margot est brune, aussi garçon manqué que l'autre est féminine ; Catherine toujours en jean, Margot toujours en jupe. Quand elles ne sont pas ensemble, elles passent des heures au téléphone, ce qui fait râler Mémé : « Tu sais ce que ça coûte ? » Rien n'y fait. Loin de Catherine, Margot ne vit pas, ne respire plus ; loin de

Margot, Catherine se morfond. Les garçons du lycée aimeraient bien les inviter quand ils organisent une boum : « Danser avec une grande bringue, c'est classe ! Et peut-être même qu'elle se laisserait embrasser. Ça, ce serait le pied intégral ! » Elles déclinent toutes les invitations, les boums et les garçons, ça ne les intéresse pas. Ils n'ont qu'à chercher ailleurs, il y a bien assez de filles, surtout en A. Dans leur classe, il n'y a qu'un seul garçon, et encore... de dos, avec sa longue queue de cheval blond cendré et sa drôle de démarche, on ne peut pas faire la différence. Nicolas, c'est une fille manquée, un peu comme Catherine, mais à l'envers. Toutes les filles l'aiment bien, aucune ne se moque jamais de lui, au contraire. Nicolas, c'est la mascotte de la classe et il en profite, il se trouve toujours une copine pour lui passer l'exercice qu'il n'a pas fait. Glandeur de première catégorie, Nicolas, mais gentil comme tout. C'est le seul garçon dont les deux amies tolèrent la compagnie. Lui aussi veut choisir l'option arts plastiques l'an prochain. Alors parfois, elles l'invitent chez l'une ou chez l'autre, et ils travaillent ensemble. C'est le seul moyen de lui faire faire quelque chose d'un peu propre. Il est doué, très doué même, si seulement il était moins flemmard ! Ses dessins valent bien ceux des deux filles, seulement voilà, si on ne le poussait pas, il s'en tiendrait aux esquisses. À quoi bon aller plus loin ? Livré à lui-même, Nicolas est nonchalant, il ne termine jamais rien. Alors, les deux copines l'ont pris en main :

– Tu veux devenir illustrateur ? Tu veux en faire ton métier ?

– Ben ouais, j'aimerais bien…

- Alors, bosse, mon vieux ! Bosse ! Sans quoi, tu n'arriveras jamais à rien.

- Vous me gonflez, les filles !

- C'est pour ton bien !

Alors, Nicolas vient chez elles, et il travaille. Certains jours, même, il travaille d'arrache-pied. Les filles se font un clin d'œil : « Ça y est, on le tient ! »

Et voilà qu'un matin, il arrive précédé d'un énorme bouquet, quatre douzaines de roses rouges - toutes ses économies ont dû y passer ! - enveloppées dans un papier transparent, qu'il tend à Catherine.

- Qu'est-ce qui te prend ? Ce n'est pas mon anniversaire !

- Non ...

- Alors quoi ?

- C'est pour te dire que j'aimerais bien sortir avec toi...

- C'est complètement idiot ! dit Catherine.

Un peu plus tard, restée seule avec son amie :

- Comme c'est dommage !

- Il a tout gâché, résume sobrement Margot.

Depuis ce jour-là, elles ne l'ont plus jamais convié à partager leurs séances de dessin. Elles ne le regrettent pas, on est tellement mieux entre filles ! On peut parler de tout et de n'importe quoi, librement, sans crainte d'être incomprise ou mal jugée. Elles sont bien mieux sans lui !

Margot et Catherine, Catherine et Margot, personne d'autre, juste elles deux.

Les longues nuits

Elles le savent bien, ce qui leur arrive. Elles le savent, mais elles n'en disent rien : « Et si pour elle, ce n'était pas comme pour moi ? » Leur amitié est trop précieuse. Elles ne vont pas risquer de la mettre en péril pour une bêtise. Oui, rien qu'une bêtise !

Une bêtise qui les tient, pourtant. Qui les tient bien et depuis longtemps. Depuis le premier jour peut-être, même si alors aucune des deux ne se doutait encore de rien.

C'est comme un accord tacite entre elles : fini d'aller bras dessus, bras dessous, plus de bise pour se dire bonjour le matin, plus de bise le soir, au moment de se quitter jusqu'à demain.

Les nuits sont longues. Elles dorment de plus en plus mal, elles dorment de moins en moins.

Oh ! Sa main… juste tenir sa main, soupire l'une. Son grain de beauté, là, juste au-dessus de la lèvre, gémit l'autre, main furtive sous le drap. Ne plus la voir, décident-elles, chacune enfouie sous sa couette, essoufflée, rouge de honte autant que de désir inassouvi. Ne plus la voir, fait l'une. Passer à autre chose, fait l'autre. L'oublier, se promettent-elles. Ne plus y penser. Mais en classe ensemble, tous les jours, comment faire ? Comment ?

Le temps passe, bientôt les vacances d'été. Catherine va partir en Corse, chez ses grands-parents. Margot ira avec Mémé et Yvonne à Perpignan, où elles ont loué un petit appartement tout ce qu'il y a de plus charmant. Deux mois sans se voir, une éternité. Comment survivre à l'éternité ?

C'est Catherine qui ose. La main. La bouche. Les souffles s'accélèrent. Le bonheur, enfin !

Elles s'appelleront tous les jours, elles s'écriront aussi. Et tant pis pour la dyslexie, Catherine sait, elle ne lui en voudra pas.

Elles se retrouveront à la rentrée.

Marines

On ne peut pas téléphoner et écrire tout le temps. Alors, il y a la plage. Celle du Canet, où elle vient chaque jour avec Mémé et Yvonne. Elles arrivent vers midi, déjeunent d'un sandwich ou d'une salade, et restent là jusqu'au soir. Souvent, elles sont les toutes dernières à s'en aller. Les deux femmes restent sagement sous leur parasol, papotent, lisent des polars et des revues, tandis que l'adolescente s'en va marcher au bord de l'eau. Elle adore la plage, surtout quand soufflent la Tramontane ou le Marin. Le sable crisse sous les dents ? Ça ne fait rien, c'est si bon ! Le vent, c'est une caresse, tantôt douce, tantôt brutale, le vent, c'est Catherine, le vent, c'est l'amour. Et les jours où seule souffle la brise, elle emporte ce qu'elle appelle ses outils. Elle s'est mise à l'aquarelle ; pour les marines, il n'y a rien de mieux. Elle peint la mer à perte de vue, du bleu, du bleu, et encore du bleu. Quelques voiles blanches de-ci de-là, quelques vagues quand il y en a, mais surtout du bleu. Avec, selon les jours, une pointe de vert, de jaune ou de violet. Ceux qui prétendent que la Méditerranée ne vaut pas l'Océan, qu'elle ne change jamais de couleur, ne l'ont jamais regardée. Les nuances sont subtiles, qui font les délices de Margot.

Catherine peint, elle aussi. La Méditerranée en Corse est-elle différente de celle d'ici ? Elles compareront à la rentrée. Elles ne feront pas que comparer, d'ailleurs. Le jeune galeriste de la rue du Faubourg de Pierre leur a promis deux semaines entières, rien que pour elles. Il y aura un vernissage, ce sera une vraie expo. Et pas un sou à débourser, il prête tout, les cadres, les accroches, tout. Il est vraiment adorable, ce galeriste. Bien sûr, il faudra rester sur ses gardes, ne pas lui donner de faux espoirs : Margot ne sait que trop qu'elle ne lui est pas indifférente.

Elle n'a rien dit encore à Mémé. Non pas qu'elle craigne sa réaction, elle a toujours été très ouverte, très tolérante. D'ailleurs, elle et Yvonne... fourrées ensemble depuis toujours, il y aurait de quoi se poser la question. « Non, non, qu'est-ce que je vais chercher là... Elles sont copines et puis c'est tout, l'amitié, ça existe aussi. » Ces derniers temps, elle ne voit plus que des couples. Ces deux types qui prennent un verre au bar de la plage : ensemble ? Et ces deux filles qui se sourient sous leurs chapeaux de paille jumeaux ? Et la buraliste rousse et sa vendeuse brune si mignonne ? Et ces deux gamins qui font des châteaux de sable et poussent des hurlements quand l'un vient démolir celui de l'autre, que seront-ils plus tard, quand ils seront grands ?

Elle a beau faire, elle ne voit que ça, partout, partout. Arrête un peu, tu deviens complètement idiote ! se morigène-t-elle.

Les parents de Catherine ? Ils ne devraient pas être un obstacle, eux non plus. Une drôle de famille, mi-fonctionnaire, mi-bohême. Le père, violoncelliste au

Philarmonique de Strasbourg, la mère choriste à l'Opéra du Rhin. Ils se sont rencontrés à vingt ans au conservatoire et ne se sont plus quittés depuis. Jamais mariés, quatre enfants. L'aîné s'apprête à entrer dans les ordres, personne ne sait comment ça lui est venu, on n'a jamais parlé religion à la maison. Chez eux, c'est plutôt *Ni Dieu ni maître*... mais si devenir prêtre peut faire son bonheur, nul ne trouve à y redire. La deuxième veut être musicienne comme ses parents, elle termine ses études de piano et de composition au conservatoire. La troisième sera institutrice, à L'Ecole Normale pour le moment. Catherine est la petite dernière, future artiste peintre, évidemment.

Dans le grand six pièces de la rue Joffre, il y a de la musique tout le temps, les vocalises de la mère, le violoncelle du père, le piano d'Evelyne.

Les parents arrivent toujours pile poil à l'heure pour les répétitions et les représentations, et à peine la dernière note a-t-elle fini de résonner, sans même attendre les applaudissements, ils s'en retournent chez eux bras dessus, bras dessous, violoncelle sur le dos du père, partitions dans la sacoche de la mère. C'est leur côté fonctionnaire. Et le côté bohême : à la maison, chacun fait ce qu'il veut, quand il veut, le frigo est toujours plein, il suffit de se servir, les copains des enfants sont les bienvenus, c'est la maison du bonheur.

Pourtant, Catherine non plus n'a rien dit. Ce n'est pas par peur qu'elles se taisent. C'est juste qu'elles ont envie de garder ça pour elles encore un peu, comme un joyau précieux. Pour le moment, le diamant dort, bien à l'abri dans son cocon de silence doux et chaud. Quand les autres sauront, ce ne sera plus pareil. Heureusement, ce n'est plus un délit. « On peut ne pas apprécier Mitterrand, songe Margot. Tout de même, lui et Badinter, il faut bien reconnaître que ce sont de sacrés bonshommes ; la peine de mort et le délit d'homosexualité abolis la même année, ce n'est pas rien ! »

Dans trois jours, le retour à Strasbourg. Et dans une semaine, Catherine sera là, elle aussi.

Trois kilos

La joie des retrouvailles.

- Tu es toute bronzée, ça te va bien !

- Toi aussi.

- Tu m'as manqué.

- Toi aussi…

Le ton de Catherine n'est pas vraiment convaincant.

- J'ai eu du mal à t'avoir au téléphone, ces derniers jours. Et tu ne m'as pas écrit. Pourquoi ?

Margot s'étonne elle-même de cette question abrupte. Catherine hésite. Rougit. Hésite encore.

- Qu'est-ce que tu as ?

- …

- Ça ne va pas ? insiste Margot

- Je ne voulais pas te le dire au téléphone. Et par lettre non plus.

- Qu'est-ce que tu ne voulais pas me dire ? Sa voix tremble un peu.

La question est idiote, ça se lit sur son visage, ce qu'elle a à lui dire. Pour un peu, elle la battrait. Mais non, elle se maîtrise. Et la réponse vient, qu'elle aurait pu donner elle-même :

- Eh bien voilà… J'ai rencontré quelqu'un.

– Une fille ?

– Un garçon.

– Quoi ??

– Enfin... un homme, plutôt. Une chance, il habite Haguenau, on pourra se voir souvent.

– Vous allez vivre ensemble ?

– Non, voyons ! Je n'ai pas dix-huit ans, mes parents ne me laisseraient pas partir.

Là, le ton se fait sarcastique :

– Un homme ! Et bien sûr, vous allez vous marier.

– Dès qu'il sera divorcé.

– Ah ! parce qu'il est...

– Marié, oui, avec deux enfants. Enfin, un et demi, le deuxième est en route.

– Sa femme est enceinte, il te dit qu'il va divorcer, et toi, tu le crois !

– On s'aime.

– Ben voyons !

– On s'aime, je te dis !

Là, elle ne parvient plus à retenir ses larmes. La voilà fontaine sanglotante et hoquetante, une vraie pitié :

– Et moi alors ? Moi, qu'est-ce que je deviens ?

– Ecoute, on n'a jamais rien fait.

– Parce que c'est une raison, ça !

– Je t'aime bien, je t'aime beaucoup, mais faire ça avec une fille, même avec toi, je n'aurais pas pu.

– Moi, oui !

– Tu n'y connais rien. L'amour, le vrai, c'est autre chose.

– C'est la même chose, exactement !

– Non. Un sexe d'homme, c'est... Ça n'a rien à voir avec nos bisous. Tu verras, tu comprendras quand tu rencontreras le bon.

– Le bon, comme tu dis, pour moi, ça n'existe pas. Pour moi, c'est toi ou personne.

– Tu n'es qu'une gamine, profère-t-elle, presque méprisante du haut de sa toute jeune expérience. Pas de doute, elle vient de réinventer le monde. Et l'amour. Personne n'a jamais vécu ça avant elle, personne. Inutile d'insister. Margot insiste, pourtant :

– Alors, tu ne m'as jamais aimée. C'était pour rire, c'est ça ?

– Tu exagères toujours tout ! Je t'ai aimée. Enfin, j'ai cru. Un moment d'égarement, une erreur de jeunesse, tout le monde peut se tromper.

Exaspérée par tant de platitudes et de lieux communs, l'éplorée fait taire pour un temps son chagrin :

– Et notre expo ?

– Ça ne change rien, on reste amies.

Là, Margot sent monter une colère sourde :

– Sûrement pas ! L'expo, ce sera moi toute seule.

– Tu ne veux pas voir ce que j'ai fait cet été ?

– Non.

Le ton est sans appel. Catherine l'a bien compris ; elle remet son manteau et s'en va.

Cette nuit-là, l'abandonnée pleure tout ce qu'elle a de larmes. Le lendemain, elle ne mange rien. La nuit suivante, elle pleure encore.

– Qu'est-ce que tu as ? demande Mémé.

– Rien. Je n'ai rien.

– À d'autres !

– Ne t'inquiète pas, demain, ça ira bien.

Elle pleure encore. Trois jours et trois nuits. Mémé ne pose plus de questions, elle connaît l'énergumène : Margot joyeuse, Margot exaltée, et Margot tête de pioche aussi, à ses heures. Mieux vaut la laisser tranquille, ne pas la harceler, ça ne servirait à rien.

Après avoir pleuré tout ce que son corps contenait de liquide et perdu trois kilos – « Chic, juste ce que j'ai pris cet été ! » – elle fait une entrée chancelante et souriante dans la cuisine à l'heure du petit déjeuner, en déclarant : « J'ai faim! Tu me fais des crêpes ? » Et Mémé lui fait des crêpes, une énorme pile qu'elle dévore, et quatre grands bols de thé qu'elle avale comme une affamée assoiffée rescapée de justesse après une avarie de moteur en plein désert.

L'après-midi, elle va voir le galeriste. Elle lui explique qu'elle sera seule à exposer. Il est ravi : ce que fait Catherine n'est pas mauvais, pas mauvais du tout, mais ça ne va pas à la cheville de ce qu'elle fait, elle. Décidément, il est amoureux ! Méfiance redoublée, puisque Catherine n'est plus là. Elle lui montre ses marines, et il s'extasie :

– Magnifique ! Vraiment Magnifique ! Tu es une vraie artiste, tu sais !

– C'est si bon que ça ?

– Si c'est bon ? C'est excellent ! Oui, excellent ! Ces couleurs... Jamais vu ça avant toi ! Et ces formes ! C'est abstrait, et pourtant, non. Tu donnes à voir ce que personne ne voit. Tu veux que je te dise ? C'est du rêve, ce que tu nous donnes là.

– Vous n'exagérez pas un peu ?

– Pas du tout ! Et tu sais quoi ? Je travaille avec une galerie japonaise. Je suis certain que ça leur plaira. Tu me laisses tout, je fais des photos et je les leur envoie. Je suis prêt à parier que dans l'année, tu exposes là-bas.

– Là-bas ?

– À Kyoto. On ira ensemble, évidemment. Et on en profitera pour jouer un peu les touristes, en même temps.

– Et mes cours ?

– On s'arrangera. On pourrait faire ça à Pâques, ou bien l'été prochain. Tu es libre pendant les vacances, non ?

– Oui, oui, mais… vous êtes sûr ?

– Je n'aime pas faire de fausses joies, et là, je peux te dire que je suis sûr, sûr et certain. Je les connais, je sais ce qu'ils aiment. Fais-moi confiance, ils prendront tes aquarelles, et tes huiles aussi.

– Si vous le dites…

– Ecoute, tu reviens dans une semaine et je te donne leur réponse. Quelle qu'elle soit, elle sera ferme et définitive, ce sont des gens bien, des gens de parole, crois-moi.

Bail à céder

Elle ne s'assied plus à côté de Catherine. Elle est seule au premier rang, elle travaille, elle n'a jamais autant travaillé. Sa moyenne en français est déplorable, c'est pire encore en allemand et en anglais, il faut absolument remonter tout ça.

Le prof d'arts pla n'est plus celui de l'an passé. Il sont deux au lycée, et d'habitude ils suivent leurs élèves de la seconde à la terminale, mais là, ils ont échangé leurs classes, qui sait pourquoi. Celui-ci est un vieux célibataire grognon, jamais content, un aigri sans aucun doute, et qui n'aime plus du tout son métier, si tant est qu'il l'ait aimé un jour. Un artiste raté, probablement. Nicolas est le seul à qui il fait grâce de ses remarques acerbes. Un misogyne dans une classe de filles…

Margot n'a droit qu'à des « manque de rigueur », « manque de précision », « technique non assimilée »… quelle que soit la technique et le sujet.

C'est bien simple, il n'aime pas ce que font les filles en général et il déteste que ce qu'elle fait elle, en particulier. Il ne l'aime pas tout court, il l'a dans le nez.

Elle s'en fiche, demain, elle ira à la galerie, et elle aura la réponse de Kyoto.

Porte close. Sur la vitrine, une affiche : Bail à céder. À l'intérieur, il n'y a plus rien. Vide ! Vide à pleurer. Le salaud ! Il le savait, il y a une semaine, qu'il mettrait les voiles ! Il le savait forcément ! Il lui a raconté des craques ! Un escroc... Ses toiles ! Où sont ses toiles ? Il faut les récupérer. Avant l'été, il lui avait donné son téléphone privé : « Tu m'appelles quand tu veux. » Vite, une cabine. Voilà, ça sonne. *Le numéro que vous avez composé n'est plus attribué. Veuillez consulter l'annuaire.* Elle a dû faire une erreur en chiffrant, elle recommence. *Le numéro que vous avez composé n'est plus attribué. Veuillez consulter...* l'annuaire, oui, oui ! Et comment ? Elle ne connaît que son prénom - Eric - elle n'a pas son adresse. Les commerçants voisins savent peut-être quelque chose ? Le buraliste, la boulangère, ces gens-là savent toujours tout... Non, il a disparu du jour au lendemain. La galerie, il l'a sans doute vidée pendant la nuit, personne ne s'est aperçu de rien. Son adresse personnelle ? Ils ne savent pas. Il n'était pas très liant, il ne fréquentait pas les magasins de la rue. Il arrivait le matin, repartait en fin de journée, ni bonjour ni bonsoir. Un drôle de type. Dès le début, on l'avait trouvé un peu louche, on se demandait ce qu'il trafiquait. Il n'y avait jamais personne dans sa boutique, quelques jeunes de temps à autre, c'est bien tout, ce n'est pas avec pareille clientèle qu'il gagnait sa vie, pour sûr ! Heureusement, il n'est pas resté longtemps, à peine six mois, bon débarras.

Le soir, le lendemain, elle rappelle encore ; le message d'erreur est toujours le même. Elle se traite de naïve, de stupide et d'idiote, et pour finir elle est bien obligée de reconnaître qu'à dix-sept ans, on ne pense pas à tout ; l'idée de lui faire signer un papier, un bon de dépôt par exemple, ne l'a pas même effleurée. Elle pourrait consulter le registre du commerce. À quoi bon ? Elle abandonne. Et pour ses toiles, tant pis, elle en refera d'autres.

Seulement voilà, dessiner, peindre, elle n'en a plus envie. Non, ce n'est pas vrai, ce n'est pas l'envie qui lui manque... c'est plutôt qu'elle n'y arrive plus, ce qu'elle fait ne ressemble à rien. Les remarques du prof y sont sans doute un peu pour quelque chose, peut-être même pour beaucoup. Il dénigre les travaux des autres filles aussi, c'est vrai, mais ça n'a pas l'air de les décourager. Alors qu'elle... Pour la première fois de sa courte vie, elle doute de son talent. Pire, elle s'ennuie. Pire encore, Margot Gioia est triste. Sans Catherine, la vie est un désert, et ses toiles sont perdues, et elle n'en fait pas de nouvelles. Qu'est-ce qui lui reste ? Rien. Et elle ne peut même pas en parler, de tout ça. Même pas à Mémé. Elle a trop honte. Honte de s'être laissé berner comme une gamine, comme la gamine qu'elle est.

Qu'au moins cette mésaventure lui serve de leçon.

Portes ouvertes

Comme toujours, il ne lui aura pas fallu bien longtemps pour se reprendre. À force de se répéter comme un mantra : « Allons, ma vieille, suffit comme ça, remue-toi ! Ce n'est pas la fin du monde, ce qui t'arrive », elle a réussi à sourire un peu. Même si ce n'est encore qu'une façade, c'est mieux que rien.

Sans bien comprendre, elle a manifesté. Pour faire comme les autres, pour être avec ceux de sa classe, qui sans doute ne comprenaient pas mieux qu'elle les enjeux de la grève. Seule la mort de Malik Oussekine les a tous frappés.

À la rentrée de janvier, une bonne nouvelle est venue élargir son sourire à peine retrouvé : disparu, le prof exécrable ! Il ne peut pas être parti à la retraite, on ne s'en va pas comme ça, on termine l'année scolaire. Des bruits courent : il aurait démissionné. Si c'est vrai, c'est qu'il devait vraiment en avoir sa claque d'enseigner. Une autre rumeur circule : il serait interné en hôpital psychiatrique, ou bien en cure aux Trois Epis, la maison de repos pour profs au bout du rouleau. Où qu'il soit, bon vent à lui, personne ne le regrettera !

Du coup, Margot reprend du poil de la bête, elle recommence à dessiner et à peindre. Il faut dire que le remplaçant est génial. Pour les moins doués, toujours un mot gentil et des conseils, pas trop, pas de quoi les submerger, juste ce qu'il faut pour les faire avancer. Et pour les autres, des compliments. Il les pousse à aller toujours un peu plus loin, mais chacun à son rythme. Il réinvente chaque jour la pédagogie différenciée : « Ça, c'est pour toi, tu peux le faire, c'est tout à fait à ta portée. Regarde, je te montre. Tu vois ? Ce n'est pas bien compliqué. » Il est jeune, il est beau, tout feu tout flamme, on sent bien que son métier, il l'a choisi parce qu'il aime transmettre son savoir. Il a l'amour de l'enseignement chevillé à l'âme et au corps, ça doit être inscrit dans ses gènes. Au début, il a bien vu que Margot n'était pas dans son assiette, alors il l'a prise sous son aile, il l'a rassurée.

- Je sais bien que c'est nul, disait-elle en forme d'excuse anticipée, terrorisée à l'idée du verdict, chaque fois qu'elle rendait un travail.

- Toi, nulle ? Tu es douée, au contraire. Et même... extrêmement douée ! Tes huiles ne sont pas encore parfaites, mais c'est juste une question de technique. Ne t'en fais pas, je t'apprendrai.

Oui, parce que contrairement à tous les autres profs, il tutoie les élèves. Et ça, Margot, ça la met en confiance. Il n'est pas familier pour autant, il est le prof et eux les élèves, chacun à sa place, mais il est bienveillant. Oui, bienveillant. Et ça, ça vaut de l'or.

Du coup, l'atmosphère de la classe se transforme. Le matin, quand on arrive, on est de bonne humeur, on est détendu, même quand on n'a pas cours avec lui. Les autres profs s'en rendent bien compte, qui ne s'en plaignent pas ; tout le monde est gagnant. On ne regrette qu'une chose : il ne sera sans doute pas là l'an prochain. Les auxiliaires, on les trimbale par monts et par vaux, là où il y a un trou à boucher.

En attendant, il a décidé que pour la journée portes ouvertes, on ferait quelque chose de différent, pas le truc habituel, les dessins collés aux murs devant lesquels les badauds indifférents passent en coup de vent sans même voir, sans même regarder. Non, on organisera des ateliers, un par technique, et ce sont les élèves qui seront les profs ; ils expliqueront aux visiteurs comment faire, et chacun pourra emporter son œuvre.

L'idée plaît à tout le monde. On forme des duos, chacun prendra en charge un atelier différent : dessin, pastels, sérigraphie, fusain, encre de chine, sculpture sur bois, collages... à contrecœur on renonce à l'huile, qui n'aurait pas le temps de sécher. Margot et Nicolas choisissent l'aquarelle.

On proposera aussi une tombola, et les lots seront des travaux d'élèves. Avec les sous, on s'offrira une sortie au musée d'art moderne de Bâle.

Tout le monde au travail, on dessine, on peint, il faut au moins deux cents lots pour la tombola et on est loin du compte, ce ne sont pas les barbouillages réalisés avec l'ancien prof qu'on pourrait offrir, ils ne valent pas tripette. Alors, on s'y met, on bosse, le groupe se transforme en ruche laborieuse, on échange les avis, les conseils, on donne un coup de main à ceux qui ont du mal, on admire quand c'est réussi, on jette quand ça ne vaut rien. Une ambiance du tonnerre, concentration sur fond de silence bourdonnant. Une ruche, une ruche, vraiment ! Souvent, on renonce à la cantine, ou bien on se dépêche de déjeuner pour revenir travailler. On reste le soir après les cours, on reste le mercredi après-midi, pour un peu, on dormirait au lycée.

Et voilà que les autres profs s'y mettent aussi. La prof de français, fan d'Apollinaire, propose d'ajouter un atelier calligrammes. Va pour les calligrammes. Le prof de sciences naturelles suggère des planches anatomiques. Bof ! Oh et puis après tout, pourquoi pas ? Mais là, stop, suffit, on ne peut pas tout faire !

School trip

Elle détourne les yeux pour ne pas les voir. Ce bonheur affiché, ces interminables baisers langoureux quand il vient la chercher à la sortie du lycée, c'est insupportable, parfaitement indécent. Il est bel homme, ça, on ne peut pas dire le contraire. Trente, trente-cinq ans... et elle, dix-sept, non, dix-huit, depuis deux mois. N'empêche !

Le papa qui attend sa fifille à la grille de l'école... Sauf que ces deux-là ne sont pas père et fille, mais bel et bien amants. Elle a beau se répéter : « Je m'en fiche, ça ne me fait rien du tout... » Ce n'est pas vrai ; les voir ensemble, ça lui tord le cœur. Heureusement, il ne vient pas souvent. Si c'était tous les jours, ce serait une torture insoutenable. « Il ne divorcera pas, il ne divorcera jamais, se répète Margot. Un homme ne quitte pas sa femme et ses enfants, dont un à peine né, pour une gamine. Ça ne se peut pas. »

Et pourtant, si, ça se peut. Il a bel et bien déménagé, et maintenant, ils vivent ensemble. Les parents de Catherine ne se sont même pas opposés au départ de leur fille : « C'est quoi, ces parents ? » se demande Margot qui ne comprend pas, qui ne peut pas, qui ne veut pas comprendre pareille aberration. Quand Catherine lui a annoncé la nouvelle, elle a refusé d'y croire. Et puis, il a bien fallu se faire à l'idée, lui et elle, ensemble dans le même appartement, ensemble dans le même lit, chaque nuit. Ça ne durera pas, se dit Margot. Ça ne peut pas durer.

La journée portes ouvertes a super bien marché, on a des sous, et plus qu'assez, pour la sortie à Bâle. On pourra même se payer un Cheeseburger à midi, tous les jeunes en raffolent, le Mc Do est à la mode, qui ne va pas tarder à supplanter la traditionnelle pizza.

Oui, mais ce sera sans elle. La veille de la sortie, en pleine nuit, un mal de ventre à hurler, vomissements, fièvre de cheval. Mémé appelle SOS Médecins : crise d'appendicite aiguë, hospitalisation et opération d'urgence, péritonite évitée de justesse. Résultat des courses, cinq jours à la clinique, et le reste des vacances de Pâques, allongée à la maison. C'est d'un gai !

Heureusement, elle se remet vite et à la rentrée, elle retrouve sa place au premier rang, pâle à faire peur et amaigrie, mais souriante et bien résolue à éclipser tout le monde dans le domaine pratique, à défaut de briller dans les autres matières.

Les copains, pensant sans doute lui faire plaisir, s'empressent de lui montrer les photos de la sortie, débiles, comme toujours. Groupe hilare entassé sur le quai de la gare, et une andouille qui se croit maline parce qu'elle dresse deux doigts en forme d'oreilles d'âne derrière la tête du prof. C'est lamentable. Et pas même une image du musée, les photos y sont interdites. De toute façon elle s'en fiche, elle le connaît par cœur le musée, elle y va souvent avec Mémé et

Yvonne. Avec elles au moins, elle est tranquille, elle peut prendre tout son temps pour regarder vraiment.

Les sorties de classe, elle les a toujours détestées. On braille dans le train, on braille dans le bus, on chante des chansons idiotes, on raconte des blagues stupides, on mange des cochonneries tout au long du trajet, et de retour au lycée, on ne se rend même pas compte qu'on n'a rien vu, on ne se souvient de rien, ou alors juste du Mc Do. Une vraie pitié, ces sorties scolaires. Les voyages, c'est pire encore. Elle n'a jamais voulu aller en Angleterre. Les copains qui racontent leurs exploits au retour l'ont dégoûtée à tout jamais ; dans les familles d'accueil où ils sont toujours à deux, pas un mot d'anglais, si ce n'est *please* et *thank you*. Pendant les visites, ils traînent les pieds, n'attendant que le moment où ils remonteront dans le bus pour éventrer des paquets de chips au vinaigre et se peloter. On devrait les interdire, ces *school trips*, se dit Margot. À part faire dépenser des sous aux familles, ça ne sert strictement à rien.

Cette fois, ses copains de classe la déçoivent vraiment. Ils sont en A3, bon sang ! Le musée de Bâle aurait dû les intéresser. Mais non, ils sont comme tous les ados : cons. Oui, cons. Ce gros mot tout moche et tout vilain qu'elle ne prononce jamais, elle le pense cependant aujourd'hui, et très fort ; elle a beau chercher, elle n'en trouve pas d'autre. Est-ce parce qu'elle a un an de plus qu'eux ? Non, elle a toujours été comme ça, gamine bien souvent, et un peu naïve - trop, dirait Mémé - mais tellement mûre, malgré tout. Elle demande tout de même à revoir la photo de groupe. Elle veut vérifier. Oui, elle a bien vu, Catherine n'y est pas. Elle pose la question à Nicolas, qui secoue la tête : « Non, ce n'est pas elle qui a pris la photo, on a demandé à un passant. »

Maintenant qu'elle vit en couple, ces stupidités adolescentes ne sont sans doute plus de son âge, à elle non plus…

Crémaillère

Elle ne manque pas d'air, vraiment ! Elle a invité une dizaine de filles de la classe à sa crémaillère, et elle a invité Margot aussi :

- Si on faisait la paix, toutes les deux ?
- On n'est pas en guerre.
- Alors tu viendras ?
- Non.
- Tu m'en veux toujours ?
- Non.
- Tu as du chagrin, c'est ça ?
- Même pas. C'est plutôt du dégoût, tu vois ?
- Du dégoût… rien que ça !
- Ou quelque chose comme ça.

Elle a tourné les talons. Envie de pleurer ? Non, pas vraiment… Une furieuse envie de lui administrer une bonne paire de claques, ça oui ! Elle n'est pas violente, d'habitude, mais là…

Et elles y sont allées, à cette fichue crémaillère. Toutes, elles y sont allées. Après, elles n'ont pas pu s'empêcher de raconter. Forcément, elles ne savent pas. Comment pourraient-elles savoir…

- Une chouette de chouette soirée !

- Il est vraiment extra son copain.
- Et leur appartement !
- Mignon tout plein, un vrai nid d'amour.
- Et il y a une chambre pour les enfants.
- C'est vrai, il y a les enfants, ricane Margot.

Leur père les prendra tous les mardis soirs, un week-end sur deux et la moitié des vacances, comme tous les maris divorcés. C'est tellement simple le divorce maintenant : d'accord tous les deux sur tout - l'épouse a elle aussi rencontré quelqu'un, un collègue qui s'est empressé de la consoler dès qu'il a compris que le mari de la belle avait mis les voiles - seule la pension a eu un peu de mal à se négocier.

« Qu'est-ce qu'on en a à faire ! » pense Margot, tandis que Catherine étale en long et en large ses petits soucis de couple, sans en taire aucun détail. Il faut dire que les copines sont friandes de ses confidences : « Quelle chance elle a de vivre avec son mec ! »

Oui, oui, enviez-la ! À dix-huit ans à peine, il va falloir qu'elle supporte des marmots braillards, qui vous réveillent la nuit. Bien fait ! Elle ne tiendra pas six mois, décide Margot.

Elle se trompe. Les familles nombreuses, elle connaît depuis toujours, Catherine. Les enfants ne lui font pas peur, bien au contraire, elle adore ça. Elle, la benjamine de la famille qui n'a jamais eu à s'occuper de plus jeune qu'elle, peut enfin laisser libre cours à son instinct maternel. Quand elle revient en cours le lundi matin après un week-end passé à faire la nounou, elle rayonne de bonheur : « Ils sont tellement mignons ! » dit-elle, attendrie. Et elle ajoute : « J'en veux un à moi, le plus vite possible. »

Et la voilà enceinte. Le garçon manqué attend un bébé. Dès le troisième mois, ça lui fait un ventre à bière, pas beau du tout, on dirait un bavarois, sauf que c'est une bavaroise, charpentée comme un homme mais femme tout de même. Elle a acheté des jeans de grossesse, « de grotesque » grince Margot qui ne digère toujours pas la trahison du Grand Amour de sa Vie. Fille-mère ! Comme Mémé ! Sauf que maintenant, tout le monde s'en fout. Et d'ailleurs, pas fille-mère pour longtemps. Ils vont se marier. Là encore, Catherine tente sa chance :

- Tu viendras, n'est-ce pas ?
- Non.
- Ecoute, Margot, c'est idiot ! Loïc et moi, on va se dire oui pour la vie. J'aimerais vraiment que tu sois là. Et même, j'aimerais que tu sois mon témoin. Parce que tu as été et tu restes ma meilleure, ma seule amie.
- N'insiste pas, c'est non !
- Dommage, j'aurais aimé. Vraiment.

Elle n'a vraiment peur de rien ! Moi, son témoin ? Elle rêve ! Comment peut-elle dire que je suis son amie, alors qu'on ne se parle plus qu'à peine... Et son *oui pour la vie* : ridicule ! Comme si ça existait ! Et Loïc ! C'est vraiment n'importe quoi, ce prénom. *Loïc, mon amour...* Ça ne ressemble vraiment à rien.

Et ils se sont mariés. Juste après les résultats du bac de français. Heureusement, il n'y a plus cours, alors elle échappe aux photos et aux commentaires des copines, qui toutes ont été invitées.

Fichu français… dix tout juste, et encore, c'est grâce à l'oral. Ce n'est pas glorieux, mais ça passe. « Je ferai mieux l'an prochain, décide Margot. Au moins une mention assez bien. »

Un été pourri

Mémé a proposé à Margot d'inviter toute sa classe à la maison : « Dix-huit ans, ça se fête ! »

Elle a refusé tout net :

– Un bon restaurant avec toi et Yvonne, rien d'autre. »

Devant son air buté, il a bien fallu s'incliner. Pourtant, Mémé tenait à marquer le coup. Alors, elle a réservé une table au Crocodile, qui décidément n'a pas volé son étoile. Un pur délice ! Et un accueil des plus inattendus : sans que Mémé ait rien demandé, elles ont été placées dans l'alcôve, nid douillet pour soirée de rêve, pas moins de cinq plats d'un raffinement extrême, gâteau et bougies au dessert.

Le tiroir étiqueté de bleu est bien plein, mais en poussant un peu, Margot parvient à y ranger ce joli moment.

Ensuite, l'été s'étire en grisaille. Un été pourri, il ne fait que pleuvoir. Fin juillet, il fait tellement froid qu'on est obligé de remettre en route le chauffage. La chaudière, qui obéit au doigt et à l'œil depuis plus de vingt ans et qui a toujours ronronné comme un vieux chat repu et satisfait, se montre récalcitrante cette fois. Il va falloir la remplacer avant l'hiver. C'est cher, mais Mémé dit : « Je me débrouillerai. » Et c'est vrai qu'avec les sous, elle se débrouille toujours. D'ailleurs, la chaudière est bien le moindre de ses soucis, il y a beaucoup plus embêtant : Yvonne a attrapé une hépatite en mangeant des huîtres chez *Léon*. C'est un restaurant à moules, *Léon*, pas à huîtres, qu'est-ce qui lui a pris de commander ces bestioles dégoûtantes qui bougent encore quand on les avale ? L'une d'entre elles ne bougeait sans doute plus, et la voilà malade comme un chien - Yvonne, pas l'huître, bien sûr - et jaune comme un coing.

Alors, on a annulé le voyage en Sardaigne programmé depuis Noël, on ne part pas, on ne va nulle part. Mémé passe ses journées chez sa copine, et Margot reste seule à la maison. Elle lit un peu, très peu, elle n'aime toujours pas ça, elle dessine et elle peint toute la journée. Elle est dans une période géométrique, calculer avec précision, au millimètre près, reproduire à l'encre de Chine les formes en lignes noires très fines, les reproduire à l'infini, lui occupe entièrement l'esprit. C'est exactement ce dont elle a besoin. Mémé lui dit parfois : « Sors donc un peu, va voir des copains ! » Elle n'a envie de voir personne, elle est très bien toute seule. Un matin au réveil, elle se rend compte que la veille, elle n'a pas une seule fois pensé à Catherine. C'est vrai qu'elle y pense de moins en moins souvent, et quand ça lui arrive, ça ne lui fait presque plus rien. Elle en vient à se demander ce qu'elle a bien pu lui trouver, à cette grande bringue un peu hommasse. Et elle finit par se dire que ce qu'elle a vécu, plutôt qu'un chagrin d'amour, c'était peut-être bien une blessure d'amour propre. Etre quittée, voilà ce qu'elle n'a pas supporté. Ce qui l'inquiète un peu, c'est que depuis, elle n'a éprouvé aucune attirance pour personne, ni fille ni garçon. Indifférence totale. Des camarades, oui, mais pas de vrai sentiment d'amitié, et encore moins d'amour. « Ça viendra, ça reviendra », se rassure-t-elle. Au fond, elle sait bien qu'elle n'est pas pressée du tout. Cette excitation des débuts, cette intranquillité, et ce chagrin ensuite, non, elle n'en veut pas, elle n'en veut plus. « Je n'ai plus qu'à me faire nonne… et si possible au Japon, à cause des idéogrammes », bougonne-t-elle en se brossant les dents. « Le problème, c'est que je ne crois ni en Dieu ni en Diable. Qu'est-ce que j'irais faire dans un couvent, même à Kyoto… » Kyoto, le galeriste et ses promesses bidon. « Quelle ordure ! Si je le retrouve un jour, celui-là… »

Un été vide en apparence. En réalité, un été riche et plein. Peindre, c'est une forme de méditation, ça vous nettoie de l'intérieur bien plus sûrement que les bains de mer, bien plus sûrement que n'importe quel sport, surtout quand comme Margot, on n'est pas sportive pour un sou. Il est bien fini le temps où elle grimpait aux arbres et courait partout. Sa bougeotte enfantine l'a depuis longtemps abandonnée. Elle a cette chance d'être née fine et musclée. Les affres de l'acné lui ont été épargnées, pas de maquillage, c'est autant d'économie, une silhouette parfaite, pas besoin de soutien-gorge rembourré, des cheveux comme ceux de Mémé, longs, épais et ondulés qui ne demandent aucun soin particulier. Mère Nature l'a vraiment gâtée. « Pour ce que j'en fais », se dit Margot qui, contrairement aux filles de son âge, ne cherche jamais son reflet ni dans les vitrines, ni dans les miroirs. Si elle est belle, elle n'y est pour rien. C'est mieux que d'être une mocheté, évidemment, mais elle n'en tire aucune vanité. Quand les gens se retournent sur son passage, ça l'agace plus qu'autre chose : « Ils n'ont pas mieux à faire ? Ou alors, c'est ma taille... Il leur en faut vraiment peu pour s'étonner ! D'ailleurs, il y a des mannequins bien plus grandes que moi ! » Mannequin, elle pourrait l'être, mais pas question ! « Un métier idiot, où l'on ne fait que penser à son poids à longueur de temps, on vit dans la terreur de prendre cent grammes, très peu pour moi ! »

Elle ne semble pas avoir repris les trois kilos perdus l'été dernier à force de larmes et les deux autres partis avec son appendice sectionné. À vrai dire, elle n'en sait rien et elle s'en fiche, elle ne se pèse jamais.

Demain, la rentrée. La plupart des élèves dorment mal cette nuit-là. Margot, quant à elle, dort à poings fermés. C'est le réveil qui l'oblige à s'extirper de son lit. Ses affaires sont prêtes depuis la veille. Elle a eu du mal à fermer son carton à dessin, tellement il est plein. Elle a hâte de montrer tout ça au prof. Sera-t-il là ? Elle sait, parce qu'il l'a dit à la classe avant les vacances, que le poste n'a pas été mis au mouvement, ce qui signifie que le vieux prof n'a pas démissionné, il est seulement en congé de longue durée. Pourvu qu'il ne revienne pas ! Une chance infime de retrouver son remplaçant... une chance malgré tout.

B.D.

Et oui, il est là, fidèle au poste, bronzé et rayonnant, il est là, et pour toute l'année ! Chic alors !

C'est Catherine qui manque à l'appel : elle a démissionné. « Quelle gourde ! se dit Margot. Renoncer au bac sous prétexte qu'on est enceinte ! Elle aura bonne mine, le jour où son mariage foirera ! » Au fond, elle est soulagée, elle n'aura plus à les voir, ni elle, ni son Loïc. D'accord, ça ne lui fait plus rien, mais ne plus les voir du tout, c'est encore mieux !

Le prof est admiratif, et en même temps un peu mitigé : « C'est très beau, ce que tu as fait là... Seulement voilà - ne le prends pas mal, n'est-ce pas ? - trop de noir tue le noir. Crois-moi, il serait bon de te remettre à la couleur. » Alors, elle se remet à la couleur, et le prof est de nouveau entièrement satisfait, pour un peu, on pourrait dire soulagé. Une gamine qui ne fait plus que du noir, ce n'est pas bon signe... À présent, le voilà rassuré.

Son étonnement, quand elle lui présente ses premières planches de B.D. ! Elle s'y est mise un samedi, et elle n'a pas arrêté de tout le week-end. Si l'histoire n'est pas très originale, elle est pleine d'humour, tout comme les dessins. C'est la vie d'une grand-mère et de sa petite fille, racontée par un lapin bélier gris perle nommé Foinfoin dont les naïfs étonnements ne manquent pas de sagacité. Une sorte de *Lettres persanes* pour enfants.

- Tu es douée en tout, mais c'est peut-être là ta vraie voie.

- Vous croyez ?

- Et pourquoi pas ? La B.D. a le vent en poupe, et ce n'est pas près de s'arrêter. Les enfants, les adultes, tout le monde se met à aimer ça. Ce n'est plus du tout un genre mineur, crois-moi, il y a de l'avenir là-dedans.

- Je n'ai aucune technique, ces planches, c'était juste pour m'amuser...

- Evidemment, il y a des maladresses... rien d'autre que des erreurs de débutante. Tout s'apprend, et toi, tu apprends vite !

- Bon... je continue, alors ?

- Puisque je te le dis ! Et tu me montres tout, n'est-ce pas ? Je t'aiderai à améliorer.

- Vous ne voulez pas m'apprendre d'abord ?

- Non. Tu découvriras au fur et à mesure. Tu en lis beaucoup ?

- Je n'aime pas lire. Et quand j'étais petite, ce n'était pas vraiment des B.D. Plutôt des livres pour enfants.

- En tout cas, tu as un style, un vrai style, qui ne ressemble à aucun autre. C'est ce qu'il faut conserver.

- Les scénarios...

- Oui ?

- Je ne saurai pas les écrire.

– Celui-ci n'est pas mauvais, en tout cas il démarre bien. Et il y aura toujours des auteurs à la recherche d'un illustrateur. Illustratrice, voilà qui te conviendrait !

Alors, elle continue. Elle travaille d'arrache-pied. Chaque lundi, elle montre de nouvelles planches, le prof conseille quelques modifications, très peu. Pour ce qui est de la composition, il n'a rien à lui apprendre, elle a compris d'elle-même en feuilletant tout ce qu'elle a pu trouver dans les librairies.

– Voilà, c'est terminé. Qu'est-ce que j'en fais, maintenant ?

– Tu envoies quelques planches aux éditeurs, celles que tu préfères. Deux ou trois, pas plus. Tu expliques ton projet dans ta lettre d'accompagnement. Ne te fais pas trop d'illusions, au mieux tu auras quelques réponses personnalisées, des critiques constructives, des conseils.

Alors, elle envoie aux trois plus grands, et elle attend. Les réponses arrivent au bout de quelques semaines, rien que des refus, des lettres type presque identiques, pas une critique, rien.

– Ne te décourage pas ! C'est toujours comme ça au début. Il faut être patient et endurant. Tente les concours. Si ça ne rapporte pas grand-chose, ça permet au moins de se faire connaître un peu.

– Il n'y a pas d'autre méthode ?

– Les annonces dans les magazines spécialisés, éventuellement : « Illustratrice cherche auteur… »

Pour Internet il est encore trop tôt, et de toute façon elle n'a pas d'ordinateur. D'ailleurs, elle ne saurait pas s'en servir. Alors oui, les annonces. Elle en passe quelques-unes. Elle n'obtient aucune réponse. C'est à désespérer...

- J'abandonne. Ça ne marchera jamais.
- Bien sûr, ça marchera.
- Vous ne connaissez personne, vous ?
- Pas dans ce milieu-là. Je n'ai rien à publier, moi. Je ne suis qu'un tout petit maître auxiliaire qui participe à quelques expos, c'est bien tout.
- J'aimerais bien, moi aussi...
- Essaie de voir les galeries, ou les librairies, Broglie ou Kléber, par exemple...
- Elles ne sont pas spécialisées en B.D.
- Ce sont les plus importantes, c'est ce qui compte, si tu veux exposer. Tu peux essayer les autres aussi, évidemment.
- Vous ne voudriez pas m'aider ?
- Tu es assez grande pour te débrouiller toute seule, tu n'as besoin de personne.
- Vous savez bien que c'est faux. Dans l'édition, quand on n'est pas introduit, on n'arrive jamais à percer.
- Désolé, Margot. Là, je ne suis vraiment pas qualifié.
- Alors, je laisse tomber.
- Non ! L'an prochain, tu iras en fac. Là, tu rencontreras d'autres profs, qui auront peut-être leurs entrées, un carnet d'adresses que je n'ai pas.
- Vous les connaissez, vous, les profs de la fac !

– Je ne suis strasbourgeois que depuis deux ans. J'ai fait toutes mes études à Nancy, et mes profs étaient tous de vieux croûtons vaguement reconnus dans le monde de la critique, et qui se contentaient de publier éternellement le même article agrémenté de quelques variations. Quant à leurs œuvres… c'est à se demander s'ils avaient jamais dessiné, peint ou sculpté quoi que ce soit.

– Dommage…

– En attendant la fac, insiste, démarche tout ce que tu peux, galeries, librairies, tout !

– Ça prend du temps…

– Quand on veut vraiment quelque chose, on ne compte pas son temps.

– C'est bien là le problème… Est-ce que je veux vraiment ?

– Toi seule peux répondre à cette question.

Finalement, le gentil prof n'aura été qu'un prof comme les autres, un peu moins nul peut-être, mais c'est bien tout. Des conseils, des encouragements, et puis basta : débrouille-toi, maintenant.

Décidément, on ne peut compter sur personne. C'est vrai qu'il n'avait rien promis, mais tout de même, il lui avait fait miroiter monts et merveilles. Et pour finir, la montagne a accouché d'une souris. Pas même d'une souris. Une souris, ce serait au moins un petit quelque chose. Là, rien, rien du tout. Et puis, qui sait, peut-être qu'il se trompe complètement, peut-être bien que ce sont les éditeurs qui ont raison, s'ils ne veulent pas d'elle, c'est que ce qu'elle fait est tout simplement mauvais ? Non, non ! Ils n'ont tout simplement pas regardé ce qu'elle a envoyé. Ils en reçoivent tellement, des projets… Et la voilà repartie dans une grande période de doute. Continuer ? Renoncer ? Abandonner tout à fait ? Se lancer carrément dans autre chose ? Oui, mais dans quoi ? Elle ne sait rien faire d'autre que peindre et dessiner. La fac l'an prochain, oui, et après ? Que fait-on avec un diplôme d'arts plastiques ? Rien. Ou alors, prof. Sauf que pour être prof, il faut passer les concours, et là, il n'y a pas que du dessin. C'est sans espoir.

Géométriques

Sans espoir ? C'est bien mal la connaître !

Allons, ma vieille ! C'est quoi cette façon de te laisser aller ? Ça ne te ressemble pas ! Secoue-toi !

Alors, elle se secoue, elle se remue, elle fait toutes les galeries, toutes les librairies, son carton à dessin sous le bras, plein de planches et de toiles. Partout, la même réponse : « C'est intéressant, ce que vous faites, très intéressant même. Malheureusement toutes nos expos de l'année sont programmées depuis longtemps. Revenez à la fin de l'hiver, nous verrons éventuellement à vous trouver un créneau la saison prochaine... Laissez-nous vos coordonnées en attendant. Si jamais quelque chose se libère, nous vous contacterons. »

Et puis, le miracle. La galerie de la rue des Orfèvres l'appelle. Un artiste s'est décommandé, elle aura une semaine en janvier. Pas les planches, seulement les toiles. À elle d'en réunir une vingtaine, sur un thème de son choix. Juste après les fêtes, ce n'est évidemment pas la meilleure période, mais on ne va pas cracher dans la soupe ; elle accepte. Cette fois, elle prend ses précautions, elle veut un contrat signé. Elle n'a pas à demander, tout est fait dans les règles. Elle n'aura aucun frais, la galerie s'engage à mettre en place l'expo et se charge de la communication, moyennant quoi elle conservera cinquante pour cent des ventes. À condition de vendre quelque chose, se dit-elle… Le contrat est honnête, en tout cas, toutes les galeries qui prennent le risque d'exposer un artiste débutant fonctionnent de cette façon.

Elle ne dit rien à son prof. Il l'a laissée se débrouiller toute seule ? Il ne mérite pas de savoir avant les autres, il trouvera un carton d'invitation dans son casier.

Que choisir ? Quel thème ? Mémé penche pour les marines. Yvonne préfère les paysages. Quant à Margot, elle a un faible pour ses *Géométriques*. Mémé et Yvonne sont d'accord sur un seul point, c'est son expo, c'est à elle de choisir. La voilà bien embarrassée. Elle pèse le pour et le contre, hésite, décide, revient sur sa décision, hésite encore. Des marines en Alsace, en janvier ? Bof ! Les paysages ne sont pas mal, mais ils ne sont pas récents, ils ne reflètent pas son travail actuel.

Mémé et Yvonne ont raison, il faut qu'elle apprenne à se faire confiance. Alors, décision ferme et définitive, elle exposera les *Géométriques*. Et, qui sait, en discutant avec le galeriste, elle parviendra peut-être tout de même à caser une ou deux planches...

Il faudrait lui trouver un titre, à cette B.D… *Foinfoin chez les humains* ? Non, c'est plat. *Le Monde selon Foinfoin* ? Ça ressemble un peu trop à *Garp*, qu'elle a vu au cinéma… Après tout, pourquoi pas ?

Bon, elle a le temps d'y penser, rien ne presse. Le plus urgent, c'est de réviser l'histoire géo pour l'interro de demain, et la philo pour la dissert de quatre heures, la semaine prochaine. Le bac est encore loin, mais il ne faudrait tout de même pas l'oublier.

Guérie

Il semblerait que la perspective de l'expo l'ait galvanisée. Malgré des fautes en veux-tu en voilà, douze en histoire, onze en philo. En histoire, d'accord, elle peut comprendre, mais en philo ? Elle n'y comprend rien, sa meilleure note jusqu'ici, c'était un six, et même là, elle était contente, persuadée que ça valait beaucoup moins. Cette fois-ci, la remarque de la prof est une vraie remarque, deux phrases entières, ce qui signifie qu'elle a vraiment lu, et jusqu'au bout : *Orthographe désespérante, mais des idées intéressantes. Le plan cependant est à revoir entièrement.* Suit une proposition de plan. Pourtant, le sujet ne l'avait pas emballée : *La société peut-elle se passer des artistes ?* En gros, elle avait répondu que oui, à condition que cette société accepte de signer son arrêt de mort, auquel cas elle n'aurait pas longtemps à s'en passer, de ses artistes... Qu'importe, une société prête à sacrifier ses créateurs n'est-elle pas déjà à l'agonie ? L'art console de tout, sans doute, encore faut-il avoir davantage envie d'être consolé que de se suicider. Ça peut être tentant, le suicide, parfois. La preuve, sa mère. Margot ? Jamais ! Elle aime trop la vie. Même si la vie, parfois... Ça, évidemment, elle ne l'a pas mis dans sa copie - hors sujet. Quoique... Une société n'est-elle pas composée de tous ses membres ? Oui, bien sûr, mais la résultante est bien autre chose qu'une somme d'individus. C'est une entité, pas un puzzle. En fait, c'est une espèce de monstre incompréhensible, du moins pour Margot l'artiste, qui n'a rien d'une sociologue.

Pendant les vacances de la Toussaint, Mémé revient à la charge :

- Tu devrais sortir un peu, rencontrer des gens…
- Tu vois bien que j'ai du travail !
- Le travail n'empêche pas d'avoir des amis.
- J'en ai.
- Des amis qu'on ne voit jamais, ce ne sont pas de vrais amis.
- Bon, alors, je n'en ai pas.
- Et pas de petit ami non plus.
- De toute façon, je crois bien que je préfère les filles.

C'est sorti comme ça, elle n'a pas réfléchi. Et la voilà qui rougit pire que pivoine, ce qui fait rire Mémé :

- Si tu t'imagines que je ne le sais pas ! Dès que Catherine est venue à la maison, j'ai compris.
- Moi pas, figure-toi. Mais…
- Mais quoi ?
- Ça ne te fait rien ? Ça ne te dérange pas ?
- Une grand-mère fille-mère qui jetterait la pierre à sa petite fille lesbienne ? Il ferait beau voir !
- Ah bon…
- Tu voudrais quoi ? Que je déchire mes vêtements et que je couvre ma tête de cendres ? On est comme on est,

c'est tout. Tu connais ma devise : chacun sa vie et joie pour tous.

– Tu m'étonneras toujours, tu sais…

– Et c'est heureux ! Comme ça, au moins, tu ne t'ennuies pas trop avec ta vieille grand-mère.

– Ça, ça ne risque pas ! Et tu sais… quand je dis que je préfère les filles, je n'en suis pas sûre du tout.

– Alors, tu es bi. Pourquoi pas… j'ai un peu plus de mal à comprendre, mais pourquoi pas.

– Non, ce n'est pas ce que je veux dire.

– Ah bon ? Il va falloir que tu m'expliques, alors.

– Justement, je ne sais pas.

– Qu'est-ce que tu ne sais pas ?

– Ce que je suis vraiment. Rien du tout, peut-être.

– Zérosexuelle ?

– En quelque sorte. Un genre de Robespierre au féminin, si tu vois ce que je veux dire.

– Au moins, tu ne fais pas tomber les têtes, c'est déjà ça.

– Tu te rends compte que notre conversation est complètement absurde ?

– L'absurde est plein de sens, le plus souvent… Si je comprends bien – tu m'arrêtes si je me trompe – tu n'éprouves rien pour personne.

– Voilà : filles, garçons, totale indifférence.

– Tu veux que je te dise, ma chérie ? Catherine, ça a été un gros, très gros chagrin d'amour.

– Pas du tout !

- *Ja doch* ! Après un coup pareil, on est insensible pour un bon moment. Au point de se croire immunisée pour toujours.

- Et ce n'est pas vrai ?

- Penses-tu ! Il faut juste laisser au temps le temps de faire son œuvre, comme dirait ton cher Président.

- Je ne pense plus du tout à elle, d'ailleurs je ne la vois plus, elle a disparu de la circulation.

- Justement.

- Quoi, justement ?

- Il faudrait que tu la revoies, pour être sûre d'être guérie entièrement.

- Jamais !

- *Seesch* !

- Qu'est-ce que je vois ?

- Tu n'es pas guérie du tout.

- N'importe quoi !

- Crois-en l'expérience de ta vieille Mémé.

- Parce que toi aussi ?

- Qu'est-ce que tu crois ? Après ton grand-père, il m'a fallu dix ans.

- Et après, tu as été amoureuse de nouveau ?

- Plusieurs fois, même.

- Et ça n'a rien donné.

- J'étais tout de même amoureuse, au moins un peu. Enfin, il me semble.

- Mais ?

– Je n'ai jamais plus rencontré le bon, celui que je pourrais aimer pour la vie. Toi, ce n'est pas pareil, tu es faite pour aimer.

– Je ne sais pas… Tout de même, dix ans, c'est long, non ?

– C'est juste ce qu'il faut. Ton grand-père et moi, nous nous sommes aimés pendant dix ans. Toi et Catherine, ça a duré deux ans en tout. Un an et demi sans en avoir vraiment conscience, mais c'était là et bien là, et six mois en le sachant. Tout ça pour te dire qu'en gros tu peux compter deux ans avant d'être guérie tout à fait. Si tant est qu'on puisse un jour guérir entièrement de cette chose-là.

– Une belle bêtise, l'amour, pas vrai ? En tout cas, Catherine, j'en suis guérie.

– Alors, qu'est-ce que tu attends pour être amoureuse de nouveau ?

– Pas le temps, j'ai mon bac et mon expo.

– C'est bien ce que je dis : deux ans. À la fin de l'été, tu me présenteras quelqu'un, fille ou garçon, ça m'est bien égal. Tu comprends, je ne voudrais pas te savoir seule plus longtemps. *Ich werr so langsàm àlt, weisch.*

– Toi, tu vieillis ? N'importe quoi !

– Pas encore au point de m'en aller, rassure-toi, tu risques d'avoir à me supporter encore un petit bout de temps, mais à mon âge, ça commence à compter.

– Ne compte pas !

– Je compte sur toi pour m'en empêcher le plus longtemps possible.

– Ça te fait peur ?

– Qu'est-ce que tu t'imagines ? Tout le monde a peur. Pas tant de la mort, non… de la vieillesse, oui. *Àlt wara*… vieillir, il n'y a rien de pire.

– Pas quand on est en bonne santé comme toi.

– Jusqu'à présent, je n'ai pas à me plaindre, j'ai de la chance. Mais regarde Yvonne : à peine un an de plus que moi, et déjà fatiguée. Elle ne conduit plus la nuit.

– Elle a toujours été myope comme une taupe, ce n'est pas ton cas.

– Elle oublie des choses.

– Tout le monde oublie des choses !

– *Àwer net a so* ! Non, pas comme ça.

Aloïs

C'est allé vite. Très vite. À peine deux mois. Un nouveau record pour Aloïs. Elle a perdu l'appétit en même temps que la mémoire et ses forces ont décliné. Une chute dans sa cuisine, le coma, et puis plus rien…

Ses cendres dans une urne. On ne sait pas quoi en faire. Yvonne n'a pas de famille, pas de tombe qui l'attend. Alors, un casier. C'est bête, un casier. Pourquoi ne peut-on pas disperser les cendres où l'on veut ? Dans le jardin, ce serait très bien, elle l'aimait, le jardin de Mémé. Elles y passaient des heures, toutes les deux, à l'ombre du tilleul. Mais non, ce n'est pas permis.

– On s'en fiche, on le fait quand même, dit Margot.

– Yvonne était très respectueuse de la loi. On ne va pas lui faire un coup pareil. Elle se retournerait dans son urne, et après, j'aurais des cendres plein le tapis.

Elles ont ri, toutes les deux. Mais ri ! Comme quand elle était petite et que Papa lui faisait des bisous sur le ventre, ceux qui font prout et qui chatouillent.

– Tu l'aimais, hein !

– On était amies depuis toujours. Amies pour la vie.

– Qu'est-ce qui vous a réunies ?

– Comment savoir… j'avais six ans, elle sept…

- Il a bien dû y avoir quelque chose ?

- Rien de particulier... Parce que c'était elle, parce que c'était moi...

- Les classiques ont bon dos...

- Ils disent tellement vrai...

- Qu'est-ce que tu vas faire, maintenant ?

- Que veux-tu que je fasse... Je vais continuer...

- Je suis là, moi.

- *Ja*.

- Tu peux pleurer, tu sais.

- Je n'ai pas envie de pleurer. Je suis bien, là. Juste bien, dans ce cimetière idiot, avec l'urne d'Yvonne dans son casier tout riquiqui. Je suis juste bien, là, avec ce qui reste d'elle, *un met der*, avec toi.

De retour à la maison, Margot se dit que la mort, décidément, ça vous apprend la vie. Oui, parce que pour elle, ce n'est jamais que la troisième fois. La quatrième, même, en comptant Michel 2. À dix-neuf ans, ça fait beaucoup. Ou alors, juste ce qu'il faut pour comprendre que la mort, la vie, c'est la même chose. On vit, on meurt, il faut mourir, tout le monde doit mourir, c'est obligé, et même la planète entière, si ça se trouve, non, pas si ça se trouve, sûrement : la planète mourra elle aussi, forcément, à cause du Soleil devenu trop vieux, ou à cause des hommes peut-être, oui, à coup sûr à cause des hommes, et ce sera bien avant la date fixée par un hypothétique bon Dieu. La mort n'a ni plus ni moins d'importance que quoi que ce soit d'autre, elle est, tout simplement. Si seulement elle faisait moins peur. C'est mal fichu, tout de même...

Elle pose une toile sur son chevalet, elle laisse aller sa main, sans réfléchir. Sa main va, plus sûre et précise que jamais. C'est un cimetière, il y a des tombes, c'est flou, très flou, et cependant on reconnaît tout, jusqu'au moindre détail, ce n'est pas de l'impressionnisme, non, c'est autre chose, c'est l'âme des morts qui parle sur la toile, l'âme des morts ressuscitée, vivante plus que jamais, vivante à tout jamais.

Un demi flop

Tenace, la garce ! Elle n'était pas invitée, et elle est venue quand même, précédée de son ventre énorme, enceinte jusqu'aux yeux, le bébé devrait être là depuis une bonne semaine, mais rien ne vient, si ça dure encore il faudra provoquer l'accouchement. Ça n'a pas l'air de la tourmenter outre mesure, elle rayonne, pendue au bras de son mari. Venir avec lui ! Elle ne manque pas de toupet !

Au fond, elle a peut-être bien fait, reconnaît Margot. Parce que maintenant au moins, elle est sûre qu'elle ne ressent plus ni joie, ni peine, ni rancœur en la voyant. Ça ne lui fait plus ni chaud ni froid, elle ne ressent vraiment plus rien, rien de rien. Elle a même pu lui parler, et elle a parlé avec Loïc aussi, et tous les trois, ils ont plaisanté et même, ils ont ri, et leur rire n'était pas forcé. Comme Mémé a acheté une *Géométrique*, ils en ont pris une aussi. Ils devaient se sentir obligés.

Catherine a eu le bon goût de ne pas lui demander d'être la marraine du petit. Ouf ! Elle aurait dit non, évidemment. Elle qui ne met jamais les pieds dans une église, elle s'imagine mal présenter à un curé un nourrisson braillard pour qu'il l'asperge d'eau froide.

Le prof était là, lui aussi. Très fier de son élève et de ses œuvres, comme si l'expo, c'était grâce à lui. Au fond, c'est vrai, c'est peut-être bien grâce à lui, au moins un peu ; s'il ne l'avait pas tant poussée, elle aurait sans doute renoncé. Alors, très grande dame, elle le remercie devant tout le monde en disant tout ce qu'elle lui doit. Il rougit de plaisir et se rengorge comme un jeune coq. Que les hommes sont donc vaniteux et bêtes, se dit-elle tout en continuant à sourire à ses invités.

La semaine qui a suivi, il n'est pas venu grand monde. Un flop. Non, un demi flop... elle a tout de même vendu trois *Géométriques*, la troisième, à un acheteur qu'elle ne connaît pas, et ça, c'est plutôt bon signe. Elle a proposé au galeriste de garder tout le bénéfice, parce que sur cette opération-là, il est vraiment perdant. Il a refusé tout net, un contrat est un contrat. Et même, il va plus loin, si elle a une série intéressante à lui proposer l'an prochain... Il croit en son talent. Un vrai mécène, ce Bertrand. Ça existe donc encore ? « Rome ne s'est pas faite en un jour », répète-t-il à une Margot un peu déçue par le succès plus que mitigé de l'expo : « Tous les artistes passent par là, il faut du temps pour percer, pour être un peu connu, et beaucoup plus encore pour être reconnu. »

Un journaliste des Dernières Nouvelles d'Alsace est venu la veille du vernissage et il a écrit un article, avec une photo d'elle devant la plus grande des toiles. Ce n'est pas un vrai journaliste, juste un pigiste, peut-être même un stagiaire. Il semble cependant s'y connaître un peu en art, et son article est plutôt bon. Elle conservera précieusement le papier, il lui servira dans ses démarches à venir. Evidemment, une seule critique, c'est bien maigre, mais il faut un commencement à tout.

Tonton

Ça y est ! Elle l'a, son bac ! Sans mention, et grâce à la pratique, mais elle l'a !

Vive la fac, vive la liberté !

Dès la rentrée, elle est déçue. Et après deux mois, il lui faut bien se rendre à l'évidence, la fac ne lui plaît pas, mais alors pas du tout. À part Cosima avec qui elle n'a jamais eu d'atomes crochus, aucune copine de l'an dernier ne s'est inscrite en Arts Pla. Ne se jugeant pas assez douées, certaines ont préféré tenter Histoire de l'Art... Quant aux autres, disparues dans la nature. Elle ne connaît personne, elle se sent perdue au milieu de tous ces étrangers. Les profs ne sont pas sympas du tout, distants et indifférents, ils viennent donner leur cours et ils s'en vont. Ils ne connaissent pas le nom de leurs élèves et ne semblent même pas les reconnaître quand ils les croisent dans les couloirs. Il est bien loin, le temps de Fustel. Là-bas, c'était comme une famille, alors qu'ici, tout est neutre et anonyme, le bâtiment, les profs, les étudiants, tout.

L'autre nuit, elle ne parvenait pas à s'endormir. Alors, elle s'est mise à chercher ce qui lui a fait le plus plaisir depuis le début de cette année. Le bac ? Non, pas le bac. Ce qui l'a rendue heureuse, heureuse parfaitement, c'est la réélection de Mitterrand. Décidément, elle l'aime bien, celui-là. Elle ne saurait pas dire pourquoi, elle ne s'intéresse pas vraiment à ce qu'il dit et bien moins encore à ce qu'il fait, mais quand elle le voit à la télé, ça lui fait plaisir, un peu le même plaisir que quand elle regarde les photos de son père. Son surnom, c'est Tonton. Elle, elle trouve que Papa lui irait bien mieux. C'est vraiment bête qu'il n'ait pas de fille.

Ça lui donne une idée. Elle peint le mur de Berlin. Pourquoi le mur, elle ne sait pas. Dans le mur multicolore couvert de graffitis, elle dessine une brèche. C'est idiot, il n'a pas de brèche, le mur. N'en aura sans doute jamais. Et puis, juché sur le mur comme sur un cheval, elle peint Mitterrand, une petite fille dans ses bras. L'enfant a un bandeau sur les yeux, et lui regarde au loin, comme s'il ne savait pas son fardeau. Pourquoi ? Elle ne sait pas. Ça lui est venu comme ça. La toile est belle. Pourtant, elle ne la montrera jamais à personne. Et pour en être sûre, tout à fait sûre, elle la lacère, la réduit en charpie et la jette à la poubelle sans un regret. Elle était vraiment très réussie, mais comment la vendre ? Personne n'en voudrait, pas même elle, parce qu'elle a quelque chose qui dérange. Pire, qui fait peur. Et la peur, Margot n'en veut pas.

Maintenant, la fac, elle n'y va presque plus. Elle préfère rester à la maison. Elle y est bien plus à l'aise pour travailler, elle a toutes ses affaires, tout son matériel, et elle peut se faire un thé quand elle en a envie. Elle en boit des litres. Le thé, c'est sa drogue, sa passion, elle en a de toutes les sortes et de tous les horizons.

En ce moment, elle prépare sa prochaine expo. Cette fois, elle travaille les matériaux : les métaux, les tissus, le carton, la terre, le sable, il y a de tout. Ce sont des paysages abstraits, avec de la matière, du relief, ce sont des toiles à toucher. D'ailleurs, le titre de la série, elle l'a trouvé tout de suite, sans chercher, il s'est imposé de lui-même : *Tactiles*. Elle a montré les cinq premières au galeriste, qui a aimé : « C'est bon, c'est très bon ! Une vingtaine comme celles-ci et tu la tiens, ton expo. » Du coup, elle ne va plus à la fac du tout. Quand Mémé râle un peu, Margot répond : « Ne t'inquiète pas, je sais ce que je fais. » Pourtant, on ne peut pas rester enfermée toute la journée et à dix-neuf ans, il serait temps d'aider Mémé. Si elle n'est pas pauvre, elle n'est pas riche non plus, pas riche du tout, même. Juste de quoi vivre confortablement, sans se priver, mais sans dépenses inutiles. Les vêtements, elle continue à les coudre elle-même. Ils sont beaux, finition parfaite, mais pas toujours à la mode, et Margot aurait envie de pouvoir s'acheter de temps à autre quelque chose qui lui plairait vraiment. Alors il faudrait, il faudrait…

Comment n'y a-t-elle pas pensé plus tôt ? Bertrand est seul et il s'en plaint parfois, il aurait bien besoin de quelqu'un. Pas tous les jours, mais une ou deux fois par semaine, ça le soulagerait, il pourrait s'absenter un peu plus souvent. Pour le moment, il est obligé de fermer boutique quand il s'en va prospecter dans les ateliers, en quête de nouveaux artistes. Parce que c'est ce qui l'intéresse, les nouveaux artistes, les jeunes à qui il pourra donner un coup de pouce, mécène dans l'âme et découvreur de talents.

Il n'en découvre pas beaucoup, il ne s'enrichit pas, et ça n'a pas l'air de le préoccuper, ce qui étonne Margot. Elle se demande de quoi il vit : fortune personnelle, héritage, loto, ou alors le jeu, les courses ? Elle le verrait bien à une table de poker… Non, on y perd plus qu'on y gagne. Héritage, plutôt.

Elle doit lui montrer ses trois dernières toiles demain. Elle lui en parlera.

Il a été d'accord tout de suite ! Elle viendra deux jours par semaine, le vendredi et le samedi. Et plus, quand il y aura des expos à monter ou quand il sera en déplacement. Evidemment, elle sera déclarée, tout à fait en règle. Elle peut commencer dès ce vendredi, si elle est libre.

Si elle est libre ? Et comment ! Le SMIC horaire, ce n'est pas grand-chose, mais c'est toujours bon à prendre, et ça rassurera Mémé. Et en effet, elle a un grand sourire quand elle apprend la bonne nouvelle :

- Ma grande fille ! Tu ne peux pas savoir le plaisir que tu me fais ! dit-elle en l'embrassant.

- Si je t'en donne la moitié, ça te va ?

- *Gàr nix !* Rien du tout ! Si tu y tiens vraiment, tu feras quelques courses de temps à autre, et le reste, tu le gardes pour toi.

- Ce n'est pas juste ! Tu paies tout, depuis toujours.

- Le jour où je n'aurai plus de sous, je viendrai t'en demander. J'espère bien que ce jour-là n'arrivera pas !

- Bon... je fais les courses au moins une fois par semaine.

- Ma pauvre puce, il ne te resterait pas grand-chose ! Tu n'as aucune notion des prix. La vie est de plus en plus chère, tu sais.

- Quand je vendrai mes tableaux, on sera riches, tu verras !

- Ne rêve pas trop, ma chérie.

- Si on ne peut plus rêver...

- Tu as raison, c'est de ton âge ! Mais en attendant la richesse et la gloire, dessine, peins, travaille...

- Je commence vendredi.

- Déjà ?

- Autant m'y mettre tout de suite, non ?

Vendredi, c'est après-demain. Comme quand elle était petite, elle dit :

- Plus que deux fois dormir.

Alors, Mémé sourit :

- - *Ich hànn dir garn, minna Luschtigà Margot*. Tu le sais, que je t'aime ?

- Arrête de m'appeler comme ça ! Je ne suis plus une gamine, et puis, c'est cul-cul comme tout !

Mais au fond, elle jubile. Après-demain ! Après-demain ! Elle saute sur place en battant des mains, une vraie gosse.

Margot est ravie. Margot est impatiente. Margot Gioia se réjouit.

La boutique

Bertrand n'est que louanges : son employée travaille comme personne. Elle est jeune, elle est belle, et sous ses airs d'adolescente inexpérimentée se cache une redoutable vendeuse, il n'y a pas plus doué qu'elle pour convaincre les clients. La preuve ? Ils affluent, ils achètent, en trois mois le chiffre d'affaires a doublé. Alors, il lui propose de l'embaucher à temps complet. Elle hésite : « Je n'aurai plus le temps de peindre. »

Quand quelque chose lui tient vraiment à cœur, il sait se montrer persuasif. Certains jours, il ne vient presque personne. Pourquoi n'installerait-elle pas son atelier dans l'arrière-boutique ? Ce n'est pas la place qui manque. Elle peindrait pendant qu'il s'occuperait des encadrements. Et si elle acceptait de rafraîchir des tableaux anciens ? Lui en est tout à fait incapable, mais elle, peut-être... La demande ne manque pas. Et l'argument imparable : « Naturellement, tu seras bien mieux payée. »

Elle n'a plus beaucoup de temps pour elle... Elle rafraîchit, elle nettoie, et pas seulement. Quand la toile est vraiment très abîmée, elle retouche, aussi. Quand elle a terminé, c'est toujours un vieux tableau, mais qui aurait été conservé dans d'excellentes conditions. Un travail parfait !

Bertrand, qu'elle n'a jamais connu que seul, vient de lui présenter son nouveau compagnon. C'est un petit jeune, pas bien malin, voix fluette et corps d'athlète, bien élevé, gentil, et surtout très, très beau.

Il lui a raconté, un soir de déprime. Depuis la mort de Jean-François, rien. Jean-François, c'était son grand amour, vingt ans de vie commune, et puis, cette saloperie de Sida. Bertrand n'a pas été contaminé. Un vrai miracle, parce que jusqu'au début des années 80, et même après, ils ne se sont privés de rien, tous les deux. Amoureux, oui, et pour la vie, mais la fidélité, cette valeur bourgeoise, non merci, pas question. Jean-François a été malade longtemps. Bertrand est resté près de lui jusqu'à la fin. Et après, cinq longues années de solitude. Il n'arrivait plus à être amoureux. Des rencontres, oui, plein ; jamais rien de sérieux, aventures d'un soir, tout au plus d'une nuit. Et voilà qu'il y a un mois, à la START au Wacken, il a vu Jérémy, maussade et désœuvré, qui déambulait dans l'allée centrale du hall d'exposition. Ils se sont plu tout de suite, depuis, ils ne se quittent plus. « Je ne pensais vraiment pas que je revivrais ça un jour, je ne l'espérais plus, je n'attendais plus rien, et pourtant, tu vois, c'est arrivé, je suis amoureux pour de vrai ! Tu te rends compte ? Amoureux à soixante ans ! »

Oui, elle se rend compte. Il n'est plus le même, il sourit, les yeux dans le vague, il rit pour un rien, il la laisse s'occuper de tout, il n'a plus le temps, son temps, il le passe avec

Jérémy, à penser à lui quand il n'est pas là, il n'y en a plus que pour lui, le jour, la nuit, tout le temps.

« Bon… Ça va lui passer, se dit Margot. De toute manière, je n'ai pas besoin de lui pour faire marcher la boutique. »

Comme Bertrand, elle dit *la boutique*, jamais la galerie. Parce que ça les amuse, et parce qu'au fond, c'est exactement ça : certains vendent des fringues et font des retouches, elle vend des tableaux neufs et retouche les anciens. Tableaux, prêt à porter, même business, même combat.

Elle est tout de même parvenue à terminer sa série de *Tactiles* : vingt toiles dont deux triptyques, cuivre, sable, porcelaine, terre et bois. Les amoureux ont aidé à l'accrochage. Enfin, Bertrand, surtout. Parce que Jérémy n'en a pas grand-chose à faire de la peinture, et puis, il n'est vraiment pas doué de ses dix doigts, il préfère les laisser faire en sirotant des jus de fraise agrémentés de curaçao, ignoble mixture d'un violet improbable dont il raffole. Deux mains gauches dans des moufles mais une bonne descente, ça oui ! Cela, elle le pense très fort, elle ne le dit pas ; ça ferait de la peine à Bertrand…

Elle a vendu quatre *Tactiles*. Quatre, c'est vraiment bien ! C'est même inespéré ! Et en plus, ce sont les plus grands, les triptyques et deux autres, format 162 par 114.

Voilà qui va lui permettre de s'acheter du matériel, et peut-être même la petite robe rouge qu'elle a vue en vitrine, rue des Juifs, chez Tadzio.

La revoir

Catherine est passée à la boutique ce matin. Elle a invité Margot pour l'anniversaire de Ludovic : un an déjà !

Margot s'est souvenue de ce que lui a dit Mémé : « Revois-la, c'est le seul moyen de savoir si tu es vraiment guérie. »

Elle l'avait revue, déjà, le jour de son premier vernissage, et elle en avait conclu que ça ne lui faisait plus rien, et c'était presque vrai. Presque… pas tout à fait. Alors, essayer une fois encore.

Elle a dit oui.

Elle est allée chez eux, elle s'est extasiée devant le petit : « Ce qu'il est beau, c'est fou comme il te ressemble, c'est toi tout craché. » Et elle s'est exclamée aussi en le voyant se traîner à quatre pattes : « Bientôt, il marchera ! »

Heureusement, Loïc et Catherine ne parlent pas que de leur fils. Ils en parlent, oui, mais pas tout le temps. Ils sont restés presque normaux, presque fréquentables. Rien de pire que les pères et les mères qui bassinent leurs invités en décrivant par le menu les exploits de leur progéniture : « Il a fait son rot ! Sa couche est pleine, regarde-moi ce beau caca ! Tu l'entends ? Il parle ! » alors que le morveux gazouille à peine et pue à plein nez. Elle ne supporte pas les bébés, ne les a jamais supportés. Ludovic est certes mignon, mais on ne va pas en faire tout un plat. Ils n'en font pas tout un plat. D'ailleurs, le bébé est plutôt sympa : on le couche, il dort ; il se réveille, il sourit. Vraiment trognon, vraiment gentil.

Tard dans la soirée, malgré le froid, Loïc l'a emmenée faire le tour du jardin :

- Catherine s'encroûte, elle ne peint plus.

- Avec Ludo, elle n'a plus le temps…

- À partir de lundi, il ira à la crèche trois jours par semaine. Nous voulons qu'il soit au contact d'autres enfants.

- Le contact, oui… c'est bien…

- Si vous recommenciez à travailler ensemble, toutes les deux ?

- Comment ça ?

- Elle pourrait venir à la galerie.

- Je ne sais pas si Bertrand serait d'accord.

- C'est lui qui m'en a parlé. C'est une excellente idée, crois-moi, et tu pourrais même donner des cours.

- Je n'ai aucun diplôme !

- Alors, disons… un atelier. Catherine serait ta première élève.

- Tu plaisantes ? Elle pourrait m'en remontrer.

- Quand bien même ? Ce serait stimulant pour toutes les deux !

- Cet atelier… C'est vraiment une idée de Bertrand ?

- Tu en doutes ?

- Tu ne l'as pas un peu poussé ?

- À peine…

- Laisse-moi un peu de temps pour y penser.

– Je compte jusqu'à trois…

– N'importe quoi !

– Trois.

– Hmmm…

– Alors ?

– Tu ne me forces pas un peu la main, là ?

– Si.

– Bon… mardi neuf heures, à la galerie.

– Parfait ! Catherine viendra avec deux copines, mariées, pas d'enfants, friquées et désœuvrées, bref, des petites bourges qui s'embêtent. Ça ne te fait pas peur, n'est-ce pas ?

– Quoi donc ? Les bourges, ou les cours ?

– Les deux !

– Je suis morte de trac.

– Allons donc ! Catherine répète à longueur de temps : « Si seulement j'étais comme Margot ! Elle, elle n'a jamais peur de rien ! »

– C'est vrai ? Elle dit ça ?

Idées de femme

Les deux greluches n'ont pas tenu longtemps. Trop frivoles, incapables de s'atteler sérieusement à quoi que ce soit. Le dessin, c'était juste une lubie passagère, histoire de passer le temps. Elles sont venues régulièrement les trois premières semaines, et puis de moins en moins souvent, jusqu'au jour où on ne les a plus revues.

Maintenant, Catherine vient seule. Trois fois par semaine, réglée comme une horloge, elle attend devant la galerie à l'heure de l'ouverture.

Elle a toujours été attirée par la sculpture, à Fustel déjà, c'est elle qui avait les meilleures notes. Elle n'a pas perdu la main. De la résine translucide aux couleurs tendres naissent des corps de femmes hiératiques ou alanguies, corps nus ou chastement voilés de longues toges aux drapés savants : un enchantement !

Bientôt, Bertrand décide de les mettre en vente. Et ça marche ! Ses *Idées de Femme* partent comme des petits pains, on se les arrache. Du coup, on se risque à en augmenter le prix. Et ça marche toujours.

Les toiles de Margot trouvent preneurs, elles aussi, mais moins… beaucoup moins. Elle pourrait se montrer envieuse, mais ce n'est pas dans sa nature, bien au contraire, elle est ravie pour Catherine.

Les premiers temps, une certaine gêne, peu de mots. Penchée chacune sur son ouvrage, silence et application. Et puis, ce frémissement, langues prêtes à se délier. D'abord, des petits riens. Et puis des choses plus intimes. Anecdotes au présent, souvenirs du passé. L'ancienne complicité intacte, retrouvée. Leur étonnement.

Le tagueur

Et puis, il y a ce mercredi-là. Bertrand est parti pour la journée, elles sont seules. La main de Catherine cherche un ciseau sur l'établi. Elle frôle celle de Margot qui tâtonne en quête d'un pinceau. Les mains se prennent, ne se déprennent pas. Et tout recommence. Tout, comme avant. Mieux qu'avant, plus qu'avant, elles sont adultes, maintenant.

– Je ne quitterai pas Loïc.

– Je ne te le demanderai pas.

– Je l'aime. J'aime mon fils. Et je t'aime, toi aussi.

– Oui.

– Je n'ai jamais vraiment cessé de t'aimer, tu sais.

– Moi non plus.

– Je lui dirai.

– Non, il ne faut pas, ça gâcherait tout.

– Je ne sais pas mentir, je n'ai jamais su. Même si je ne disais rien, il saurait.

– Il n'acceptera pas.

– S'il m'aime, il comprendra.

– J'en doute...

– Tu ne le connais pas.

– C'est vrai, je ne le connais pas.

Loïc a tout d'abord refusé d'y croire. Bien sûr, Catherine lui avait raconté, déjà, mais c'était une passade de gamine, une histoire du passé. Il a dit : « Tu te fiches de moi ! » Et comme elle secouait la tête en signe de dénégation, il s'est mis à pleurer. Des larmes et des sanglots qui n'en finissaient pas, c'était comme un gros chagrin d'enfant. Catherine a essayé de le consoler en le prenant dans ses bras. Alors, il a crié : « Tu me dégoûtes ! Va-t'en ! »

Elle n'a pas desserré son étreinte et il n'a pas cherché à s'en échapper. Ils n'ont pas beaucoup dormi, cette nuit-là. De temps à autre, il recommençait à pleurer, mais il ne criait plus. Au petit matin, il a dit : « Bon… Puisque je ne peux pas faire autrement… Mais je ne veux pas la voir. Vous faites ce que vous voulez toutes les deux, moi, je ne veux rien savoir. Elle ne mettra plus les pieds ici. Je ne veux plus la voir. Jamais. »

Alors, elles ont trouvé refuge chez Margot. Mémé a toujours bien aimé Catherine, elle l'a accueillie à bras ouverts.

Pour Loïc, ça a été plus long. C'est venu tout doucement, sans rien brusquer. Il lui aura fallu une année entière pour accepter que Margot revienne chez eux. Trois mois de plus pour qu'il ne prenne pas la fuite quand il savait qu'elle viendrait. Trois autres encore avant de lui faire la bise quand elle s'en allait. Maintenant, il lui parle quand elle reste dîner. Parfois même, il tente une plaisanterie.

À deux ans et demi, Ludovic est un adepte acharné du tag, militant et pratiquant. Tous les supports lui sont bons : les murs, le sol, ses mains, ses joues, ses vêtements, rien n'échappe à sa passion. Tandis que Catherine morigène le délinquant en herbe, Margot s'emploie à réparer les dégâts avant le retour du père, qui décidément ne comprend rien à l'art. Le gamin fait la moue, mine de pleurer, renifle tout ce qu'il peut, dit : « Ferai pu ! » Et recommence dès qu'on a le dos tourné. Il est bien loin, le gentil bébé docile et toujours content. Content, il l'est resté, surtout quand Margot est là ; il l'adore. Mais docile... Catherine et Loïc font ce qu'ils peuvent, pourtant. On ne peut pas leur reprocher d'être laxistes, non, ils déploient des efforts surhumains pour éduquer le sauvage, pour lui donner des bases solides. Ils ont beau faire, le seul solide qu'il reconnaisse, ce sont les murs, ces merveilleux murs qui n'attendent qu'une chose, être par lui décorés. Pour le reste, il est adorable, ne casse jamais rien, ne fait jamais de colère, se laisse coucher sans rechigner, fait des bisous quand il y a de la visite et des *ada ada* avec la main pour dire au revoir. Un gamin absolument parfait. Un ange. Mais un ange gribouilleur.

- On ne choisit pas ses enfants, dit Catherine.

- Il a de qui tenir, répond Loïc.

- Je n'ai jamais rien tagué !

- Parce que ce n'était pas encore la mode.

- La mode à même pas trois ans... Qu'est-ce qui nous attend !

- Si on attendait que ça lui passe ? Ça lui passera forcément, tente une Margot toute gênée d'intervenir dans la conversation des parents. Et c'est ce *on* qui scelle définitivement son adoption - voulue par elle et Catherine, tacitement consentie par Loïc. Depuis, elle fait partie de la famille à part entière. Elle vient quand elle veut, dîne un soir sur deux, et le dimanche, on va se promener dans les Vosges. Ludovic n'aime pas marcher ? Qu'à cela ne tienne, Loïc le porte sur son dos. Les filles marchent derrière lui et bavardent à perte de vue. Il ne se sent plus ni floué ni abandonné. Il aime Catherine, Catherine l'aime, et elle aime Margot. Alors, lui aussi apprend à aimer Margot. Elle n'est plus une rivale. Elle est… quoi donc ?... Non, tout de même pas. Ou alors, si… Oui, c'est ça : Margot, c'est quelque chose comme une amie.

De plein fouet

Ce sont les gendarmes qui ont appelé un peu après seize heures.

À trois cents mètres de la maison, un chauffard ivre mort a brûlé un feu et l'a percutée de plein fouet. Lui n'a presque rien, juste deux côtes fêlées, pas même fracturées. Il y a vraiment un bon Dieu pour les ivrognes. Alors que Mémé, qui n'avait pas bu une goutte, est dans le coma. Entre la vie et la mort. *Le pronostic vital est engagé*, c'est comme ça qu'on vous annonce la chose, à l'hôpital. Ils ne pourraient pas dire tout simplement qu'elle ne s'en sortira probablement pas ? Non, il faut la formule consacrée. Margot n'a pas compris tout de suite. Il a fallu lui répéter : *le pronostic vital est engagé*. Et puis, ces mots du médecin de garde : « Je suis désolé. » Pourquoi désolé ? On est désolé quand on annonce la mort de quelqu'un, pas avant. Mais c'est un tout jeune, un interne, sûrement. Il saute les étapes, pressé d'en finir, parce qu'il ne sait pas encore dire ces choses-là. Il n'en est qu'à ses tout débuts, il apprend. Pour un peu, Margot le prendrait dans ses bras pour le consoler, mais ça ne se fait pas. Alors, elle dit : « Merci. » Et elle retourne s'asseoir dans la salle d'attente. Elle attend longtemps. Elle s'endort. Au petit matin, une infirmière la réveille, le médecin souhaite lui parler. Elle ne pose pas de questions, elle la suit comme un automate. Un bureau, un cagibi à peine plus grand que des toilettes, et de la même couleur, vert d'eau, vert sale, vert pourri qui pue, vert de mort.

Mort cérébrale. Ça veut dire qu'il n'y a plus rien à faire. Ils ne lui ont même pas demandé si elle était d'accord pour la débrancher.

- Je peux la voir ?
- Pas tout de suite. Laissez-nous le temps de la préparer.
- La préparer ?

Pas de réponse. Elle doit être vraiment amochée.

Des yeux qui se baissent, mains croisées sur le bureau en laminé imitation frêne, ou chêne, ou noyer, ou n'importe quoi. Piètre prière.

- Quand ?
- Pas avant onze heures. Rentrez chez vous en attendant, reposez-vous, c'est ce que vous avez de mieux à faire.

Alors, elle rentre chez elle. Dans son affolement, elle n'a même pas pensé à prévenir Catherine et Loïc. On est dimanche, inutile de les réveiller, de toute façon il n'y a plus rien à faire. Elle appellera à huit heures, pas avant. Elle s'endort comme une masse et se réveille en sursaut à dix heures : « Comment ai-je pu dormir aussi longtemps ? » Elle appelle Catherine, qui dit : « Ne bouge pas, je passe te prendre, on ira ensemble. »

Ils l'ont *préparée*, comme ils disent. Maquillage discret, travail parfait, vraiment. On ne voit rien. Le visage et la tête n'ont pas été abîmés. Le reste est recouvert d'un drap. Elle a voulu le soulever : « Non, ne faites pas ça, a dit l'infirmière. Gardez d'elle un joli souvenir. »

Ça ne doit pas être beau à voir, là-dessous.

Elle est repartie avec Catherine. Même pas envie de pleurer. Pas le temps. Les pompes funèbres, prévenir Yvonne. Non, voyons ! Yvonne est morte, elle aussi. Morte depuis longtemps. Une annonce dans le journal ? À quoi bon, elle ne connaissait plus personne. Il n'y aura pas grand monde à l'enterrement.

La voix d'Yvonne

Pas grand monde, doux euphémisme. Margot et Catherine. Loïc n'a pas pu se libérer.

Mémé avait dit : « Je sais bien que c'est idiot, pas du tout écolo, mais s'il te plaît, ne me brûle pas. Je n'ai jamais eu peur de rien, sauf d'une chose, le feu. Un incendie quand j'étais petite. La grange au bout de la ruelle où était la maison de mes parents. J'avais quatre ans. Le paysan a essayé d'éteindre avec des seaux d'eau. Il est entré dans le brasier, il n'en est pas ressorti. »

Alors, Mémé dans le caveau, avec Papa. Là où serait aussi Maman, si on l'avait retrouvée. Dans une alvéole du mur, à deux travées de là, l'urne d'Yvonne. « Pratique, pour la Toussaint, dit Margot ; tous les trois au même endroit. » Et elle rit. Et Catherine rit aussi. Les fossoyeurs font une drôle de tête, on ne rit pas dans un cimetière, surtout quand on enterre un proche. Ça ne se fait pas. Margot s'en fiche. Excitée, excédée, ivre de fatigue et de chagrin, pour un peu, elle danserait sur la tombe. Heureusement, elle est encore ouverte. Alors, elle ne danse pas.

Catherine la raccompagne. Tout au long du trajet, elles ne disent rien. Tout d'un coup, une petite voix venue de nulle part, que seule Margot entend. Non, entendre n'est pas le mot juste. C'est comprendre qu'il faudrait dire. « Elle est bien arrivée, ne t'en fais pas. Une chose que je voulais que tu saches : je n'ai jamais aimé qu'elle. Elle ne s'en est jamais doutée, mais je n'ai aimé qu'elle, toute ma vie. Vous avez bien de la chance, vous deux. Profitez-en, il n'y a rien de plus beau que la vie. »

Un secret vieux de plus de soixante ans, révélé depuis l'outre-tombe...

Une vie gâchée, songe Margot, à peine étonnée par la révélation d'Yvonne. Ou peut-être pas. L'amour, celui qu'on fait de tout son corps, de toute sa chair, bien sûr, c'est beau. Mais est-ce que ça dure ? Est-ce que ça peut durer ? Leur amour-amitié, oui, il a duré. Même si Mémé ne voulait pas savoir l'amour, ne voulait voir que l'amitié.

Mais nous, nous deux qui savons, combien de temps ? Combien d'années ?

Elle tourne la tête vers Catherine qui prend sa main et sourit sans la regarder.

Elle s'assure dans le rétroviseur qu'elle peut enfin dépasser ce tracteur chargé de choux à choucroute qui occupe les trois quarts de la chaussée. Un tracteur en pleine ville, que peut-il bien faire là ?

Margot ferme les yeux, confiante, rassurée. Elle fredonne *l'Hymne à l'amour*, la chanson qu'aimaient Mémé et Yvonne, leur chanson préférée.

L’orgueil du mâle

La maison est bien trop grande. Tant qu'elles étaient deux, ça ne les dérangeait pas, au contraire, il y avait de l'espace, chacune son étage, quand on avait envie d'être ensemble, on était ensemble, et le reste du temps, chacune chez soi, pas de promiscuité. Et maintenant, quoi ? La vendre ? Non, trop de souvenirs. Margot ne se voit pas vivre ailleurs qu'ici. Un appartement ? Pas question, elle ne pourrait pas s'y habituer, le jardin est si beau...

La solution arrive comme par miracle. L'appartement que louent Catherine et Loïc va être récupéré par le propriétaire pour y loger son fils. Pourquoi ne viendraient-ils pas habiter ici ? Ils prendraient le rez-de-chaussée, il y a bien assez de place, cuisine, salon, salle à manger, chambre des parents, et trois autres, plus petites, mais chaque enfant aurait la sienne. Pour elle, rien ne changerait : quand elle a eu dix-huit ans, Mémé lui a laissé l'étage. Il y a toujours eu deux cuisines et deux salles de bains. La cuisine du premier ne servait presque jamais - Margot est une as du pinceau, pas des fourneaux - mais Mémé tenait à la conserver. « Au cas où », disait-elle.

Et il resterait encore le petit appartement sous le toit, bien assez grand pour y aménager un bureau pour Loïc et un atelier pour elles deux, en plus de celui de la boutique.

Les yeux de Catherine se sont mis à briller très fort quand Margot leur en a parlé. Loïc s'est un peu fait prier, juste ce qu'il faut. « Au fond, pourquoi pas », a-t-il dit. Et il a souri. Il ne l'admettra jamais, bien évidemment - l'orgueil du mâle avant tout - mais ni Catherine ni Margot ne s'y sont trompées, l'idée de vivre tous sous le même toit l'enchante.

Ils ont emménagé peu avant Noël. Margot a dressé un grand sapin et les a tous invités à l'étage. L'aîné a eu le droit d'aider à allumer les bougies, et Margot a passé le vieux trente-trois tours, celui à la pochette orange et bleue, avec le sapin et les boules qui brillent, et ils ont chanté ensemble *O Tannenbaum*, et *Stille Nacht*, et puis *Es ist ein Ros entsprungen*, et *Kling, Klöckchen kling*... ils ont tout chanté, les deux faces en entier, les enfants en français, les grands en allemand, comme au bon vieux temps, quand ils étaient gamins et que les parents étaient là. Ils ne sont plus là, les parents. Plus aucun. Ceux de Catherine, morts dans un carambolage sur l'autoroute des vacances. Et Margot n'était même pas là pour la soutenir, c'était pendant la période où elles ne se voyaient plus. Ceux de Loïc, toujours vivants, mais partis vivre dans une résidence pour seniors dans le Sud. Alors, ils chantent pour eux, pour ceux qui ne sont pas là, et pour ceux aussi qui ne seront plus jamais là.

Et quand ils ont eu fini de chanter, la joie exubérante des petits en découvrant leurs cadeaux. Et la joie des grands devant celle des enfants.

Voilà ma famille, s'est dit Margot. Une belle, une très belle et grande famille. J'ai de la chance, vraiment !

Icône sacrée

À la galerie, ensemble toute la journée. Le soir, pour dîner, ensemble aussi le plus souvent. On alterne, un jour au rez-de-chaussée, le lendemain au premier. Après, c'est chacun chez soi. Pour Catherine, la nuit est sacrée, elle appartient à son mari.

« S'il n'y a que ça, c'est supportable », se résigne Margot. Et d'autant plus supportable que Loïc vient d'être promu numéro deux de sa boîte qui commercialise des autoclaves un peu partout en Europe et même en Afrique, ce qui lui impose parfois des déplacements de plusieurs jours.

« Une chance que je n'aie jamais eu envie d'être mère, songe-t-elle. Je serais bien embêtée. »

De toute manière, les enfants ne manquent pas dans la maison. Tous les mercredis et un week-end sur deux, ils sont trois. Le reste du temps, Ludovic demande : « Quand ils viennent, mes frères ? » Dès qu'ils sont là, ce sont des disputes à n'en plus finir, dès qu'ils sont partis, ils lui manquent. Le plus curieux, c'est que le tagueur acharné n'a jamais tenté le moindre graffiti à l'étage. Il adore Margot, sage comme une image dès qu'il met le pied chez elle. « Comment peut-il m'aimer autant, alors que moi... » Ce n'est pas qu'elle ne l'aime pas, non, il la laisse parfaitement indifférente, comme tous les enfants. Jamais elle ne joue avec lui. D'ailleurs, il a bien vite compris, après une ou deux tentatives, il a cessé de lui demander. Il se contente de jouer tout seul dans son coin, sans faire de bruit. Parfois, il la regarde, émerveillé, comme hypnotisé. « Tu es sa déesse, son icône sacrée, » plaisante Catherine. Le regard du gamin la met mal à l'aise, parfois : « Qu'est-ce qu'il me veut ? Pourquoi me regarde-t-il comme ça ? » Au bout de quelques minutes, après l'avoir bien dévisagée, il retourne à ses Lego.

- Ce sera un constructeur de machines, prédit Loïc.
- Il sera ce qu'il sera, répond Catherine.

C'est pourtant vrai qu'il est doué. À cinq ans à peine, il assemble des grues, des camions, des maisons. Sans modèle, sans rien. Il a une mémoire visuelle étonnante, ce gamin. Il voit un objet, il le dessine. Et c'est ressemblant, rien à voir avec des dessins d'enfant. Un surdoué… « Il me ressemble, se dit Margot. Moi aussi, à son âge, je dessinais tout le temps. » Et tout de suite après : « C'est complètement idiot, il ressemble à sa mère, je n'y suis pour rien, moi… »

La fille de Tonton

« Je le savais, je le savais bien, qu'il avait une fille ! Il ne pouvait pas ne pas en avoir, au moins une ! »

Margot jubile. Elle saute de joie, comme quand elle était gamine. La nouvelle qui semble choquer une épaisse frange de Français conservateurs et rétrogrades l'enchante. Mazarine, quel prénom étrange ! Sibyllin, comme l'est son père. Et elle lui ressemble comme deux gouttes d'eau. Il n'y a pas de doute, elle est bien de lui !

Mais il est malade. Il va mourir. Pauvre Mazarine.

Margot se console : « Elle au moins, elle aura eu le temps de le connaître vraiment. »

Parfois, Papa lui manque. Elle dit encore Papa, comme quand elle était petite fille. Normal, leur histoire à eux deux s'est arrêtée le jour de ses quatre ans.

« C'est bizarre... Ma mère ne me manque pas. » Elle dit *ma mère*, et non pas *maman*, quand elle pense à elle, quand elle parle d'elle. Si elle ne lui manque pas, c'est peut-être parce qu'il y a eu Mémé. Alors que Papa conserve sa majuscule... sans doute parce qu'il n'a pas eu de remplaçant. Il a failli en avoir un, mais ça n'a pas duré. Heureusement, songe Margot. Ce qu'il pouvait être barbant, Michel 2 ! Gentil, oui, mais d'un mortel ennui. Quoi qu'en ait pu dire Mémé, c'est peut-être tout de même bien de ça qu'ils sont *amors*, en fin de compte, ma mère et lui… Tu délires, ma pauvre vieille, ils s'aimaient, se raisonne-t-elle. Rien n'y fait, elle reste persuadée que s'ils sont *amors*, c'est bien d'ennui, et pas d'autre chose. La mer était si calme, ce jour-là…

Mazarine… Mazarine… J'aimerais bien la rencontrer, qu'elle me raconte, qu'elle me dise comment c'était, quand elle était petite… Je le saurai, elle écrira sans doute un bouquin, un jour. Il paraît qu'elle est déjà très douée. Forcément, tel père, telle fille ! Comme je suis contente ! Comme je suis contente ! Elle ne s'explique pas sa joie, qui pourtant est là, bien réelle. Tu es complètement idiote, ma pauvre fille… Oh et puis zut ! Je suis contente et puis c'est tout ! J'ai bien le droit d'être contente, non ? »

Catherine ne comprend pas cette liesse :

– Qu'est-ce que tu en as à faire ? En quoi ça te concerne ?

– Je ne sais pas… ça me rend joyeuse.

– C'est tout toi, ça !

– On est heureux, vraiment heureux, tous ensemble, tu ne trouves pas ?

– Oui…

– Alors souris un peu ! Qu'est-ce que tu as ?

– Rien, juste un peu fatiguée.

– Tu ne ris plus. Tu es fatiguée de moi ?

– Idiote ! Je ne suis jamais fatiguée de toi, ni de Loïc, ni des enfants. C'est moi qui suis fatiguée.

– Le médecin dit que tu n'as rien.

– Et cette fichue douleur dans le dos, qui ne s'en va pas ?

- Va en voir un autre, si tu n'as pas confiance.

- Mardi, neuf heures.

- Tu as un rendez-vous ?

- Oui, à l'hôpital. Loïc sera en Hongrie. Tu veux bien m'accompagner ?

- On demandera à Bertrand s'il veut bien ouvrir la boutique, pour une fois.

- Il ne peut pas, il est à Bâle pour la journée, mais Jérémy sera là.

- Ça t'inquiète ?

- Non. Seulement j'ai mal, et j'en ai marre d'avoir mal comme ça. Je ne dors plus. Plus aucune position de confort, comme dit si joliment mon généraliste.

Hautepierre

Rien, pas de hernie discale, pas d'arthrose, ils n'ont rien trouvé, pas même l'ombre d'un commencement de bec de perroquet. Pourtant la douleur est toujours là. Alors, elle insiste. De guerre lasse, le toubib finit par prescrire de nouvelles analyses, plus poussées.

Catherine met le haut-parleur pour que son amie puisse entendre :

- Le professeur Clade souhaite vous voir.
- Le résultat des analyses ?
- Venez à quatorze heures.
- Vous ne pouvez rien me dire ?
- Je ne suis pas habilitée à le faire, Madame. Quatorze heures, n'est-ce pas ?
- Oui…

Et Catherine raccroche :

- Ce n'est pas bon signe…
- On ne va pas s'angoisser avant de savoir.
- Non, non… mais tout de même. Ce n'est pas bon signe, crois-moi.

Catherine a été hospitalisée d'urgence à Hautepierre. Leucémie. Une pas gentille du tout. Une dont on meurt très vite si on ne trouve pas de donneur.

Loïc et Margot sont volontaires, évidemment. Mais ils ne correspondent pas. La famille ? Ni le frère ni les sœurs ne sont compatibles. Pas de chance, toute une fratrie, et pas un seul qui puisse donner sa moelle. On a beau chercher dans le fichier, on ne trouve aucun donneur.

Il ne reste plus que l'autogreffe. Les médecins ont beaucoup hésité. Dans le cas d'une leucémie, c'est une pratique rarissime, le risque de réinjecter la maladie est trop grand. Mais comme c'est la seule solution...

Quand elle a commencé à perdre ses cheveux, elle a demandé à Margot de la raser. Ça fait bizarre, mais ça lui va plutôt bien.

La greffe est pour bientôt.

La greffe est pour demain.

Tout s'est bien passé. Très vite, elle va mieux. Margot et Loïc vont la voir chaque jour et lui parlent par téléphone interposé. Dans sa bulle, Catherine ronge son frein. Elle dessine. La peinture, elle n'y a pas droit - stérilisation impossible, trop dangereux.

Dans une semaine, dix jours au plus, elle pourra sortir. Sous le foulard, les cheveux repoussent déjà un peu.

Quatre jours et quatre nuits

Catherine va bien, elle peint, elle sculpte, et surtout, elle rêve d'un autre enfant. Qui ne vient pas, mais qui viendra. Sûrement !

Dix mois de bonheur.

Et puis, la rechute.

Nouvelle greffe. Un donneur, cette fois, que Catherine ne connaîtra jamais. Elle a réussi à savoir cela, pourtant : c'est un jeune homme de 20 ans. Un altruiste, un vrai. Ça existe donc...

La voilà enfin tirée d'affaire. Demain, elle sera de retour à la maison.

Fins et plats depuis toujours, voilà à présent que ses cheveux foisonnent et ondulent. Déjà, ils lui arrivent aux épaules : « On dirait Mémé ! » dit Margot qui ne se lasse pas de les coiffer.

Plus belle que jamais, joyeuse et pleine de vie, et toujours cette idée qui l'obsède, qui ne la quitte plus : Vite ! Un enfant !

– On a le temps, on a tout le temps, dit Loïc.

– Non ! Tout de suite ! Maintenant ! répond-elle, étrangement exaltée.

Après deux ans, il faut l'hospitaliser à nouveau.

Les médecins sont pessimistes. Si les deux greffes n'ont pas tenu, il y a peu à espérer. Catherine décline de jour en jour. Aujourd'hui, elle a demandé à Loïc de la laisser seule un moment avec Margot :

- Tu t'occuperas d'eux, quand je ne serai plus là ?

- Qu'est-ce que tu racontes ? On va te donner de la belle et bonne moelle toute neuve, et tu guériras.

- Non. Il est trop tard.

- Il n'est jamais trop tard.

- Arrête, tu veux ? Je sais ce que je dis. Dans une semaine, deux tout au plus, je ne serai plus là.

- Tu dis n'importe quoi.

- Peut-être... Dis, tu promets ? Tu promets de t'occuper d'eux ?

- Je n'aurai pas à tenir ma promesse, puisque tu vas guérir.

- Tu es gentille...

- Non. Tu vas guérir, un point c'est tout.

- Tu promets?

- Quelle question ! Evidemment, je promets..

- Je t'aime, tu sais. Laisse-moi, maintenant. Tu viens demain ?

- Je passerai tout l'après-midi avec toi. Repose-toi, maintenant.

- Je ne fais que ça. Je ne fais plus rien d'autre.

- À demain, alors.

- Margot !

- Oui ?

- Rien...Va-t-en, maintenant.

Ensuite, elle a parlé avec Loïc. Ce qu'elle lui a dit, Margot n'en sait rien et n'en veut rien savoir. C'est entre elle et lui, ça ne la regarde pas.

Après, elle a sombré. Etat comateux, disent les médecins. Margot tente de se rassurer comme elle peut, un état comateux, ce n'est pas le coma.

Elle n'a plus besoin de morphine. Elle ne souffre plus. C'est l'agonie. Quelques jours, quelques heures, personne ne peut le dire, parce que personne ne sait. Que savent-ils, les médecins ? Rien. Ils ne savent rien. Les infirmières semblent en savoir plus qu'eux : « Vingt-quatre heures tout au plus », dit l'infirmière en chef, très sûre d'elle. Et elle leur offre un café censé les réconforter.

Quatre jours. Quatre jours et quatre nuits, ça a duré. Loïc et elle se sont relayés, elle n'a jamais été seule. C'est Loïc qui était là à quatre heures du matin, au moment où...

Elle a ouvert les yeux tout grand, elle semblait terrorisée :

- Margot ! a-t-elle prononcé dans un souffle.

- Elle vient, elle arrive, a dit Loïc.

Le temps de l'appeler, le temps qu'elle habille Ludovic, il était trop tard.

Le cimetière encore.

Quelle horreur.

Avant, il y a eu la crémation. Avec la fumée noire qui sortait de la cheminée.

Quelle horreur.

Ils ne pourraient pas inventer un système pour qu'au moins elle soit blanche, la fumée ? Non, tout le monde s'en fout, on crame le corps et tout est dit. Et qu'importe la couleur de la fumée. On ne va pas se formaliser. Pour un nouveau pape, c'est important, mais là, tout le monde s'en fout. Oui, tout le monde s'en fout.

Quelle horreur.

Elle était quoi, Catherine ? Rien du tout. Une fille qui savait peindre et sculpter ? Il y en a plein d'autres, elle ne manquera à personne. Pas même à Bertrand, qui est venu avec son Jérémy, tous deux de noir vêtus de la tête aux pieds. Ridicules.

Quelle horreur.

Et tout de suite après la cérémonie bâclée, ils se sont excusés : un rendez-vous avec un jeune artiste pour une expo. Ça ne saurait attendre.

On peut comprendre. Un artiste, une expo, ça n'attend pas.

Corps de femmes, vivants et chauds, lit aux draps froissés, rejetés, tombés au sol par la force de gravité du plaisir, amour fou et pourtant tellement raisonnable, plaisir d'amour, plaisir fou, mais tellement maîtrisé, jamais fait de mal, jamais, à personne, on s'aimait, oui, mais du mal, jamais on n'en a fait, non, jamais, histoire d'une vie, celle de Margot et Catherine, vie tronquée, volée, amour vivant mais déjà mort, parce qu'elle est morte, l'aimée

quelle horreur

réduite en cendres chaudes bientôt refroidies dans l'urne

l'urne au cimetière dans sa niche

réduit ridicule tout riquiqui comme pour Yvonne
quelle horreur
Catherine
moi sans toi impossible
moi sans toi à quoi ça sert
moi seule sans toi à quoi je sers encore
à qui à quoi

Promesse

À quoi elle sert encore, elle a tôt fait de le comprendre. Loïc n'a plus de femme, Ludovic n'a plus de maman, ils n'ont plus qu'elle, tous les deux. Les aînés ont une mère, mais pas quand ils sont chez Papa. Alors, la maman, c'est Margot. Elle qui a toujours détesté ça, elle à qui la seule idée de porter un enfant dans son ventre suffisait à donner des nausées, les courses, la cuisine, le linge, le ménage, elle s'occupe de tout. Elle le fait parce qu'elle a promis à Catherine. Une promesse est une promesse, on ne se dédit pas. Au début, la femme de ménage venait deux fois par semaine ; ça ne suffisait pas. Margot n'est pas douée pour les tâches ménagères, ne l'a jamais été, ne le sera jamais. Maintenant, la femme de ménage vient tous les jours. Margot ne s'occupe plus que des courses. Les hypermarchés, elle a toujours eu horreur de ça. Elle ne le dit pas, ne se plaint pas, parce qu'elle s'interdit de le dire, elle s'interdit même de se le dire, comme elle s'interdit de penser qu'une famille réunie devant le sapin à Noël, c'est bien, c'est même très beau, mais tous les jours... Comment Catherine a-t-elle pu supporter ça, ce fardeau qui pèse, qui pèse, et pas un jour de répit, pas un seul jamais, comment, comment a-t-elle pu endurer ça ? Cela elle ne le dit pas, ne le pense pas non plus, non, elle ne pense rien et surtout pas ça, elle n'a pas le droit. Elle sourit, elle plaisante, toujours de bonne humeur, Margot Gioia oblige, mais le cœur n'y est pas, et Loïc qui ne voit rien, tout à son chagrin, qui ne comprend rien, tout à ses souvenirs, Loïc apathique et indifférent même à ses enfants, Loïc qui déprime tandis qu'elle trime, ce n'est pas juste, elle n'a pas voulu ça, ce calvaire elle ne l'a pas choisi, elle a juste promis, c'était sans savoir, prise à la gorge, Catherine à l'agonie, comment refuser ?

Je ne pourrai pas je ne serai pas de taille je ne saurai pas faire, comment dire non, impossible, mais elle ne peut pas c'est au-dessus de ses forces elle ne le sait pas, ne veut pas le savoir, que cette vie-là n'est pas pour elle, pas la sienne, pas le temps d'y penser, pour l'heure elle trime, elle endure, d'autres femmes font bien plus qu'elle, qui ne sont même pas aidées, pas de femme de ménage, rien, et elles ne se plaignent pas, alors elle ne dit rien, elle ne pense pas, ne pense à rien elle continue jour après jour et elle en crève.

Oui, elle en crève, et elle ne le sait pas.

Une famille normale

À force de ne pas y penser, à force de s'interdire d'y penser, elle finit par s'y faire. Elle n'imagine plus une autre vie. Sa vie, c'est avec Loïc, Ludovic, et les deux grands quand ils sont là. Et ils sont là de plus en plus souvent. Leur mère est fatiguée. Alors, on s'arrange, une semaine sur deux.

Leur mère est vraiment très fatiguée, elle a besoin de souffler. Alors on s'arrange encore. Maintenant, ils sont là tout le temps. Un couple normal, une famille normale, c'est ce que doivent penser les gens. Et pourquoi donc penseraient-ils, les gens ? Ils s'en fichent bien de savoir que lui au rez-de-chaussée, elle au premier, jamais dans le même lit, chacun le sien, elle seule, lui seul. Moins seuls parce que les enfants, mais seuls quand même. Sourires de façade et infinie courtoisie. Corps en friche et cœurs secs. C'est ça, leur vie ?

Oui, c'est ça, leur vie.

Marianne

Et puis, lors d'un audit, Loïc rencontre une jeune experte-comptable. Vraiment très jeune. Décidément, ses goûts ne varient pas.

Au bout d'un mois à peine, la voilà installée à la maison.

Marianne n'aime pas du tout Margot, Margot n'aime pas du tout Marianne. Ce n'est pas de la jalousie, non, c'est juste que ces deux-là ne s'entendent pas. On a beau se forcer, ne peut pas avoir des atomes crochus avec tout le monde.

Leurs efforts du début sont restés vains.

Les enfants, eux, ont tout de suite adopté la copine de Papa, et Ludovic a eu ce mot d'enfant, terrible et charmant : « C'est super, j'ai de nouveau deux mamans. »

Il faut bien reconnaître que Marianne sait y faire avec les gamins. Elle joue avec eux, aide aux devoirs des aînés, une patience d'ange, jamais fatiguée. Ses journées sont longues, elle emporte du travail même le week-end, et ça ne l'empêche pas de s'occuper de tout, les courses, le ménage, le linge, les repas - miam ! - parce que oui, pour la cuisine aussi, elle est douée, c'est du moins ce que disent les enfants. Margot, elle, n'est jamais invitée.

Les petits montent chaque soir passer un moment avec elle, mais les adultes restent chacun à leur étage. Fini, les dîners tous ensemble, on ne se voit plus. Loïc est-il là ? Est-il en déplacement ? Margot n'en sait rien, elle n'a conscience ni de sa présence ni de son absence… Il faut dire que maintenant, ça n'a plus grande importance. Et quand elles se croisent, c'est à peine si les deux femmes se saluent encore.

Ça ne peut pas continuer comme ça indéfiniment.

Ce surnom idiot

Ils ont trouvé une maison à louer à quelques rues de là, ils vont déménager. Ce sera mieux pour tout le monde. Les gamins pourront venir à pied. Pas les jours d'école, parce qu'il faut se coucher tôt, mais le week-end et pendant les vacances, aussi souvent qu'ils en auront envie.

Ils ont déménagé.

Elle se retrouve seule dans la grande maison vide. « Ouf ! Enfin tranquille ! se dit-elle pour se convaincre de sa chance. Vive la liberté ! »

Seulement voilà, elle n'a jamais vécu seule. Elle essaie de sortir, et pour s'y obliger, elle prend des abonnements au TNS, au Maillon, à l'Opéra du Rhin. Le samedi après-midi, elle va au cinéma et le dimanche dans les musées. Toute la semaine, elle travaille d'arrache-pied. Elle prépare une nouvelle expo. Elle s'est remise aux *Géométriques*. Rien que du noir, cette fois encore. Les premiers sont assez réussis, mais le cœur n'y est pas, elle ne retrouve pas l'enthousiasme qui depuis toujours est le sien quand elle peint. Elle travaille parce qu'il faut bien faire quelque chose pour occuper ses journées, les clients ne sont pas légion, depuis que Catherine et ses *Idées de Femme* n'y sont plus, leur engouement pour la galerie s'est essoufflé.

Les enfants sont venus la voir au début, surtout Ludovic. Et puis, de moins en moins souvent. Maintenant, ils ne viennent plus du tout. Loïc et Marianne ont acheté à Oberhausbergen une grande maison, une belle opportunité. C'est tout près de Strasbourg, mais bien trop loin pour les gamins. D'ailleurs Margot, c'était quoi ? Juste la copine de leur mère ; leur mère est morte et ils en ont une nouvelle, toute jeune, toute belle. Alors, Margot, pour eux, ce n'est plus rien. Plus rien du tout.

Bertrand voit bien qu'elle n'est pas dans son assiette. Lui non plus, n'est pas au mieux de sa forme. Avec Jérémy, ce n'est plus le grand amour. Continuer à vivre ensemble juste par habitude, parce que c'est confortable, lui pourrait, mais Jérémy est bien trop jeune pour ça. Il va falloir prendre une décision. La seule possible. Comme l'idée de se retrouver seul est loin de le réjouir, il tente :

- Tu devrais peut-être chercher de nouveaux locataires…

- J'y ai pensé, figure-toi… Des étrangers chez moi, je ne sais pas si je supporterais.

- Et moi ?

- Comment ça, toi ?

- Tu me prendrais, moi ?

- Et ton duplex aux Contades ?

- Je le laisserais à Jérémy, pas question de le mettre à la porte, le pauvre chou.

- Tu es sûr ?

– Un homo et une lesbienne, ça devrait pouvoir faire bon ménage, non ?

– Ils se marièrent et eurent beaucoup d'enfants…

– Quelle horreur ! Non mais sérieusement, ça pourrait être sympa de cohabiter. Enfin moi, il me semble…

– Pourquoi pas…

– T'as l'air emballé, c'est dingue !

– Non, non, l'idée me plaît bien, laisse-moi juste le temps de m'y faire…

– Tu en as marre d'être seule dans ta grande baraque, et moi il va bien falloir que je me décide à quitter Jérémy. Je le connais, il n'aura pas le courage. Ce n'est pas l'envie qui lui manque, mais il a peur de me faire de la peine.

– Bon…

– Bon : quoi ?

– Tu emménages quand ?

– C'est habitable tout de suite ?

– J'ai tout réinstallé comme du temps de Mémé.

– De toute façon, ce ne sont pas les meubles qui manquent, ceux de ma mère sont entassés à la cave et au grenier depuis des années. Cet après-midi, on ferme la boutique, on va chez toi, je prends les mesures, et la semaine prochaine, je débarque. Ça te va ?

– Oui… oui, bien sûr, ça me va.

– Marché conclu, camarade. Allons, souris un peu ! Tu es tellement plus jolie, quand tu souris !

– …

– Mieux que ça ! Encore ! Voilà, ça vient ! Enfin de retour, Margot la joie !

– Ne m'appelle pas comme ça ! Ce surnom idiot…

– Qui te va si bien.

– Tais-toi ! On dirait Mémé… Mais elle au moins, elle le disait en alsacien.

Verte à force d'être blanche

Il l'avait bien prédit, qu'ils sauraient s'entendre. Toujours d'accord au travail, toujours d'accord à la maison.

Jérémy a fait mine de verser une larme, mais au fond, on voyait bien qu'il était soulagé. Ils se sont quittés sans rancœur et resteront bons amis. Il passe parfois le soir et ils dînent ensemble tous les trois. Jérémy a toujours des histoires drôles, des anecdotes à raconter. On rit beaucoup quand il est là. On rit aussi quand il n'y est pas. Bertrand n'a jamais été un triste sire. Avec lui, Margot découvre des musiques qu'elle ne connaissait pas, des musiques du monde qu'il collectionne depuis plus de quarante ans ; il les a toujours aimées, et bien avant qu'on leur colle cette étiquette-là. Musiques à la sonorité étrange, pas arrangées du tout, le plus souvent des enregistrements pris sur le vif, que Jérémy a eu la bonne idée de transférer sur des CD. C'est que dans sa jeunesse, Bertrand a été un vrai baroudeur. Il partait pendant des mois, seul, sac au dos, et advienne que pourra. Pas en touriste, non, en vrai voyageur. Ah ça ! Crapahuter un peu partout et jusqu'aux coins les plus oubliés, les plus improbables de la planète, c'était sa vraie passion. Moins maintenant, beaucoup moins, il n'en a plus envie, on est tellement bien chez soi. Avec l'âge, il devient casanier.

Quand elle lui propose de sortir, au théâtre, au restaurant, il dit oui tout de suite, et puis au dernier moment :

– Et si on restait tranquillement à la maison ? Je vais te préparer un bon petit plat.

Parce qu'entre autres qualités, Bertrand est aussi un excellent cuisinier. Et comme elle est gourmande, elle ne refuse jamais.

– Tu vas me faire grossir !

– J'y compte bien ! Regarde-toi, maigre à faire peur, une planche à pain.

Et c'est vrai que pendant la maladie de Catherine, elle a perdu du poids. Et plus encore après ; au chagrin sont venus s'ajouter la fatigue, les corvées, les enfants. L'indifférence, pour ne pas dire l'animosité qui s'est installée entre elle et Marianne n'a rien arrangé. Il est grand temps qu'elle s'occupe un peu d'elle. Elle ne s'en était pas rendu compte, mais la vérité est qu'elle est complètement épuisée.

Au fourneau comme à l'humour, Bertrand est roi. Peu à peu, elle reprend des formes et retrouve la beauté qu'elle n'a jamais vraiment perdue, qui se tenait seulement tapie dans son coin, attendant son heure pour renaître.

Le dimanche, pour bronzer un peu - Tu en as plus que besoin, regarde-moi ça, une endive, verte à force d'être blanche ! dit Bertrand - ils vont à la gravière près du Rhin, celle des homos. C'est elle qui a choisi, là au moins les hommes lui fichent la paix, et lui peut reluquer à loisir les jeunots en quête d'aventure. Pour reluquer, il reluque, mais il ne consomme pas : « Pas envie, un peu trop tôt après Jérémy » dit-il.

Lui, si résolument infidèle du temps de Jean-François, s'est assagi. L'âge, sans doute. C'est curieux, cette absence totale de désir. Elle comme lui, pareils tous les deux, plus rien, pas le moindre frémissement. Quand elle croise une jolie fille, elle se dit : « elle est vraiment mignonne », sans prendre la peine de se retourner pour autant. Elle n'éprouve rien, et lui pas davantage quand vient à passer un Adonis, sexe moulé dans un maillot de bain ultra serré ou ballotant au gré de sa démarche chaloupée - c'est une gravière où les nudistes sont tolérés. C'est agréable à regarder, c'est bien tout.

– À soixante-sept ans, une baisse de libido momentanée, c'est normal. Toi, tu en as trente à peine. Fais un effort.

– Pas envie... De toute manière, je ne suis même pas sûre d'être vraiment lesbienne. À part Catherine, je n'ai jamais été amoureuse, je n'ai même jamais désiré qui que ce soit, garçon ou fille.

– Tu te fiches de moi !

– J'aimerais bien.

– Tu es vraiment un être à part, tu sais.

– Pas normale, c'est ça ?

– Chacun est comme il est...

– Qu'est-ce qu'il y a ?... Vas-y, pose-la, ta question !

– Pas même à l'adolescence ?

– J'ai rencontré Catherine à seize ans. Mon adolescence, c'est elle. Et après, c'est elle aussi.

– Ça *a été*. Au passé. Elle est morte, Margot. Morte ! Tu comprends ?

– Bien sûr, qu'elle est *amor*. Pourquoi me le rappeler ?

– Pour que tu puisses enfin dire *morte* et plus *amor*. Et pour que tu passes à autre chose. À autre chose, enfin. Tu es jeune, tu as toute la vie devant toi.

– Sans elle.

– Tu rencontreras quelqu'un. Ou quelqu'une. Je ne serai pas toujours là pour te tenir la main. On ne vit pas très vieux dans ma famille, les hommes surtout. Le cœur. À soixante-dix ans, soixante-douze tout au plus, on s'en va.

– Tu dis n'importe quoi ! Ton cœur va très bien.

– Jusqu'au jour où. Rassure-toi, ça ne m'inquiète pas le moins du monde, au contraire. Finir comme ça ? Une bénédiction. Quelques secondes et on est de l'autre côté.

– C'est gai !

– Tu l'écris comment ?

– Oh comme c'est drôle !

– Mais oui, ris, ma fille, ris ! Faut rigoler avant que le ciel nous tombe sur la tête.

– Bon, j'en ai assez, il fait trop chaud. On rentre ?

– Si tu veux.

– Qu'est-ce que tu nous fais de bon, ce soir ?

– Cuisses de canard aux olives, pommes de terre et petits légumes. Tout est prêt, il n'y a plus qu'à réchauffer.

– Sautées, les pommes de terre ?

– Evidemment.

– Chic alors ! J'ai faim.

– Ça, c'est bon signe. Allez, viens !

Epilogue

File le temps, passent les années, rien ne change. Rien, jamais, la galerie qui va cahin-caha, les soirées à deux, le théâtre parfois, le ciné de plus en plus rarement, des toiles nouvelles pour l'expo annuelle, et Bertrand qui vieillit. Elle pourrait exposer ailleurs, dans d'autres lieux, elle pourrait, elle n'en a pas envie. Ce qu'elle fait est bien, très bien même, les critiques se plaisent à le dire et à l'écrire, mais ça se vend mal. Elle ne parvient pas à se faire un nom. Un renom, encore moins. C'est comme ça, on n'y peut rien. Et puis, à quoi bon ? Elle reste joyeuse, pourtant. Joyeuse de nature jusqu'à seize ans, et ensuite, histoire de ne pas se dédire, joyeuse par principe et conviction. Joyeuse, oui, toujours, et qui n'attend plus rien. Il y a elle, il y a Bertrand. Bertrand, qui depuis son opération de la prostate, est devenu irrémédiablement impuissant, Bertrand qui fait de l'arythmie, de la tachycardie, mais qui contrairement aux hommes de sa famille, ne meurt pas. De nos jours, on sait soigner ces maladies-là, il se gave de médicaments qui le maintiennent en vie, à part quelques crises, il va plutôt bien.

Quant à Margot, elle se porte comme un charme, plus belle que jamais. Les hommes se retournent sur son passage, elle ne les voit pas, des femmes aussi se retournent parfois, elle ne les voit pas davantage.

- Tu as vu ? dit Bertrand.
- Quoi donc ?
- Cette fille qui te zieute.
- Laisse tomber.

Elle a une moue de dégoût. Et pour mieux marquer son indifférence, elle s'accroche au bras de Bertrand, dont elle sait pourtant combien il déteste ça.

- On est des zérosexuels, ne l'oublie pas.
- Tu deviens militante, ma parole !
- Non. C'est juste que ça ne m'intéresse pas.

C'est vrai, ça ne l'intéresse pas. Elle n'est pas seule, elle a Bertrand. Un vieil ami bien fidèle, bien présent, ça vaut mille fois mieux que toutes les amours réunies. Et s'il n'advient jamais rien de neuf, c'est tant mieux.

Elle est sans désir, calme et sereine. Ça ressemblerait presque à du bonheur.

À quarante-huit ans, elle est jeune encore.

Elle sait qu'elle vieillira. Tout le monde vieillit. Bientôt, elle sera moins belle, moins alerte. Devant son miroir, déjà elle compte ses rides, ses premiers cheveux blancs. D'avance, elle accepte : on naît, on meurt. Entre les deux, on vit.

Jusqu'à son dernier souffle, Margot Gioia dira oui à la vie.

Margot Gioia

Remerciements

À Emmanuel, pour sa relecture complice et sensible.

joanott@noos.fr

Imprimé en France par :

ICN France Libris
ZI des Saligues
64300 Orthez
www.france-libris.fr

IMPRIM'VERT®

Dépôt légal : 3ème trimestre 2017
(2ème édition)